Betriebliche Mitbestimmung im Diskriminierungsrecht

SCHRIFTEN ZUM DEUTSCHEN UND EUROPÄISCHEN ARBEITSRECHT

Herausgegeben von Frank Bayreuther

Band 7

PETER LANG
Frankfurt am Main · Berlin · Bern · Bruxelles · New York · Oxford · Wien

Claudia Voggenreiter

Betriebliche Mitbestimmung im Diskriminierungsrecht

PETER LANG
Internationaler Verlag der Wissenschaften

Bibliografische Information der Deutschen Nationalbibliothek
Die Deutsche Nationalbibliothek verzeichnet diese Publikation in
der Deutschen Nationalbibliografie; detaillierte bibliografische
Daten sind im Internet über http://dnb.d-nb.de abrufbar.

Zugl.: Berlin, Freie Univ., Diss., 2009

Umschlaggestaltung:
Olaf Glöckler, Atelier Platen, Friedberg

Gedruckt auf alterungsbeständigem,
säurefreiem Papier.

D 188
ISSN 1865-634X
ISBN 978-3-631-58743-0
© Peter Lang GmbH
Internationaler Verlag der Wissenschaften
Frankfurt am Main 2011
Alle Rechte vorbehalten.

Das Werk einschließlich aller seiner Teile ist urheberrechtlich
geschützt. Jede Verwertung außerhalb der engen Grenzen des
Urheberrechtsgesetzes ist ohne Zustimmung des Verlages
unzulässig und strafbar. Das gilt insbesondere für
Vervielfältigungen, Übersetzungen, Mikroverfilmungen und die
Einspeicherung und Verarbeitung in elektronischen Systemen.

www.peterlang.de

Vorwort

Die vorliegende Arbeit wurde im Sommersemester 2009 von der juristischen Fakultät der Freien Universität zu Berlin als Dissertation angenommen. Die Betreuung der Arbeit übernahm Herr Univ.-Prof. Dr. Frank Bayreuther, bei dem ich mich für seine wertvollen Anregungen vielmals bedanken möchte. Dank gilt auch Herrn Univ.-Prof. Jochem Schmidt, für die Erstellung des Zweitgutachtens.

Bedanken möchte ich mich ganz herzlich bei Herrn Dr. Hans-Georg Meier und Herrn Dr. Walter Hesse. Ohne ihren Ansporn, ihre Kritik und ihr in mich gesetztes Vertrauen wäre die Arbeit nicht in der vorliegenden Form zustande gekommen. Mein aufrichtiger Dank gilt auch meinen Kollegen aus der Kanzlei DBM Rechtsanwälte in Berlin, allen voran Herrn Thomas Zahn, LLM. und Dr. Gisbert Seidemann für ein anregendes und intellektuelles Umfeld sowie für ihre Unterstützung in der Phase der Niederschrift dieser Arbeit.

Berlin, im Dezember 2010

Inhaltsverzeichnis

Vorwort			5
Einleitung			
17	I.	Gegenstand der Untersuchung	21
	II.	Begriffsklärung	22

Teil 1: Die soziale Verantwortung der Beteiligten (§ 17 AGG) 25

- I. Die Abgrenzung der Regelungsbereiche von § 75 Abs. 1 BetrVG und § 17 Abs. 1 AGG — 29
  1. Divergierende Normadressaten — 31
  2. Abweichungen bei einzelnen Differenzierungsverboten — 33
     - a. Rasse oder ethnische Herkunft — 33
     - b. Die Weltanschauung — 35
  3. Allgemeiner arbeitsrechtlicher Gleichbehandlungsgrundsatz als Regelungsmaterie — 37
- II. Zusammenfassendes Ergebnis — 39

Teil 2: Enthält § 17 Abs. 1 AGG den Auftrag der Betriebsparteien zu positiven Maßnahmen? 41

- I. Positive Maßnahmen und ihre Rechtfertigungsbedürftigkeit — 44
  1. Verfassungsrechtliche Zulässigkeit — 46
  2. Europarechtskonformität — 47
  3. Der abstrakte-generelle Rechtscharakter positiver Maßnahmen — 48
- II. Beteiligungsrechte des Betriebsrats — 50
- III. Erzwingbare positive Maßnahmen beim Berufszugang und der Beendigung von Arbeitsverhältnissen — 54
  1. Auswahlrichtlinien, § 95 Abs. 2 BetrVG — 54
     - a. Positive Maßnahmen bei Einstellungen und Versetzungen — 56

	aa.	Art der positiven Maßnahmen, insbesondere Quotenvorgaben zur Einstellung von Merkmalsträgern			58
	bb.	Anforderungen an die Rechtfertigung			58
		(1).	Das Gleichheitsverständnis des Normgebers		58
		(2).	Konkrete Rechtfertigungsvoraussetzungen		60
			(a)	Bestehender Nachteil/ Unterrepräsentation	62
			(b)	Verhältnismäßigkeit	65
				(aa) Geeignetheit	65
				(bb) Erforderlichkeit	66
				(cc) Angemessenheit	67
				(1.1) Begünstigter Kreis	67
				(1.2) Rechte des Unternehmers	68
				(1.3) Die Nichtbegünstigten	69
	cc.	Zwischenergebnis			70
b.	Positive Maßnahmen bei Beendigungen				70
	aa.	Entlassungsrichtlinien und die Bereichsausnahme des § 2 Abs. 4 AGG			71
	bb.	Eingeschränkte Privilegierung bei Kündigungsrichtlinien			72
		(1)	Keine Quotierungsmöglichkeit		73
		(2)	Begrenzung der Merkmale		73
		(3)	Gewichtung der Sozialkriterien		74
	cc.	Sozialpläne			74

		2.	Zusammenfassendes Ergebnis	75

IV.	Weitere Möglichkeiten zu Regelungen im Sinne des § 5 AGG	76
	1. Maßnahmen der Personalplanung	76
	a. Auswahlrichtlinien nach § 95 Abs. 1 BetrVG	76
	b. Allgemeine personelle Angelegenheiten	77
	c. Ausschreibungen von Arbeitsplätzen, §§ 93 BetrVG, 11 AGG	78
	d. Maßnahmen der Berufsbildung	80
	aa. Keine erzwingbaren Regelungen nach § 97 Abs. 2 BetrVG	81
	bb. Beteiligungsrechte bei der Durchführung	82
	e. Zwischenergebnis	83
	2. Soziale Angelegenheiten	83
	3. Allgemeine Aufgaben	85
	a. Antragsrechte des Betriebsrats	86
	aa. Anträge zu Betriebsöffnungsregelungen	86
	bb. Anträge zu innerbetrieblichen Maßnahmen	87
	b. Zwischenergebnis	88

V.	Zusammenfassung	89

Teil 3: Die Rechte des Betriebsrats aus § 17 Abs. 2 AGG   91

I.	Einführung/Problemstellung/Streitstand	94
II.	Rechtsgrund- oder Rechtsfolgenverweisung	96
III.	Angelegenheit des Betriebsverfassungsgesetzes: Urteils- oder Beschlussverfahren	100
IV.	Weitere inhaltliche Anforderungen des § 17 Abs. 2 AGG	103
	1. Kollektivbezug als Voraussetzung der Geltendmachung?	103
	2. Kein Verschulden	105

	3.	Keine Wiederholungsgefahr	106
	4.	Rechtsirrtum des Arbeitgebers unbeachtlich	107
V.	Die Beweislastregelung des § 22 AGG		108
	1.	Konzipierung für das Urteilsverfahren	108
	2.	Vergleich mit § 16 Abs. 3 AGG	109
	3.	Kein europarechtliches Gebot	110
	4.	Amtsermittlungsgrundsatz	111
	5.	Ergebnis	111
VI.	Einstweiligen Verfügung		112
VII.	Ergebnis		114

Teil 4: Beschwerderecht und Beschwerdeverfahren des § 13 AGG — 115

I.	Die Beschwerderechte der Betriebsverfassung		119
	1.	Das Beschwerderecht nach § 84 BetrVG	120
		a. Zuständige Stelle	120
		b. Verfahren	121
	2.	Das Beschwerderecht des § 85 BetrVG	122
II.	Mitbestimmung bei der personellen Besetzung der Beschwerdestelle		123
	1.	Kein Beteiligungsrecht des Betriebsrats	123
		a. Keine Regelung zum Ordnungsverhalten	124
		b. Vorrang des § 13 AGG	126
		c. Zwischenergebnis	127
	2.	Keine Beschwerdestellenfähigkeit Betriebsrat	127
		a. Keine Beeinträchtigung des Wahlrechts des Arbeitnehmers	128
		b. Betriebsrat als Beschwerdegegner	129
	3.	Ergebnis	130

III.	Das Beschwerdeverfahren		131
	1.	Kein Initiativrecht/eingeschränkte Verfahrensbeteiligung	132
	2.	Keine Beteiligung auf freiwilliger Basis	135
IV.	Ergebnis		136

Teil 5: Schulungen (§ 12 Abs. 2 Satz 2 AGG) — 137

- I. Beteiligungsrechte des Betriebsrats — 140
  - 1. Keine Beteiligung an der Entscheidung des Arbeitgebers zur Schulung — 140
    - a. Keine Unterrichtung im Sinne des § 81 Abs. 1 S. 1 BetrVG — 141
    - b. Kein Initiativrecht aus § 97 Abs. 2 BetrVG — 143
  - 2. Beteiligungsrechte bei der Durchführung der Schulungen — 143
    - a. Keine Maßnahme der Berufsbildung — 144
    - b. Sonstige Bildungsmaßnahme — 146
      - aa. Schulung als sonstige Bildungsmaßnahme — 146
      - bb. Keine sonstige Bildungsmaßnahme — 147
      - cc. Differenzierende Betrachtung — 147
        - (1) Beschränkte Mitbestimmung bei Durchführung der Schulung — 148
        - (2) Kein Beteiligungsrecht an Bestellung und Abberufung — 149
        - (3) Eingeschränkte Mitbestimmung bei der Auswahl der Teilnehmer — 149
  - 3. Ergebnis — 150
- II. Eigene Schulungsrechte des Betriebsrats — 151

Teil 6: Zusammenfassender Ausblick — 155

Literaturverzeichnis — 159

Einleitung

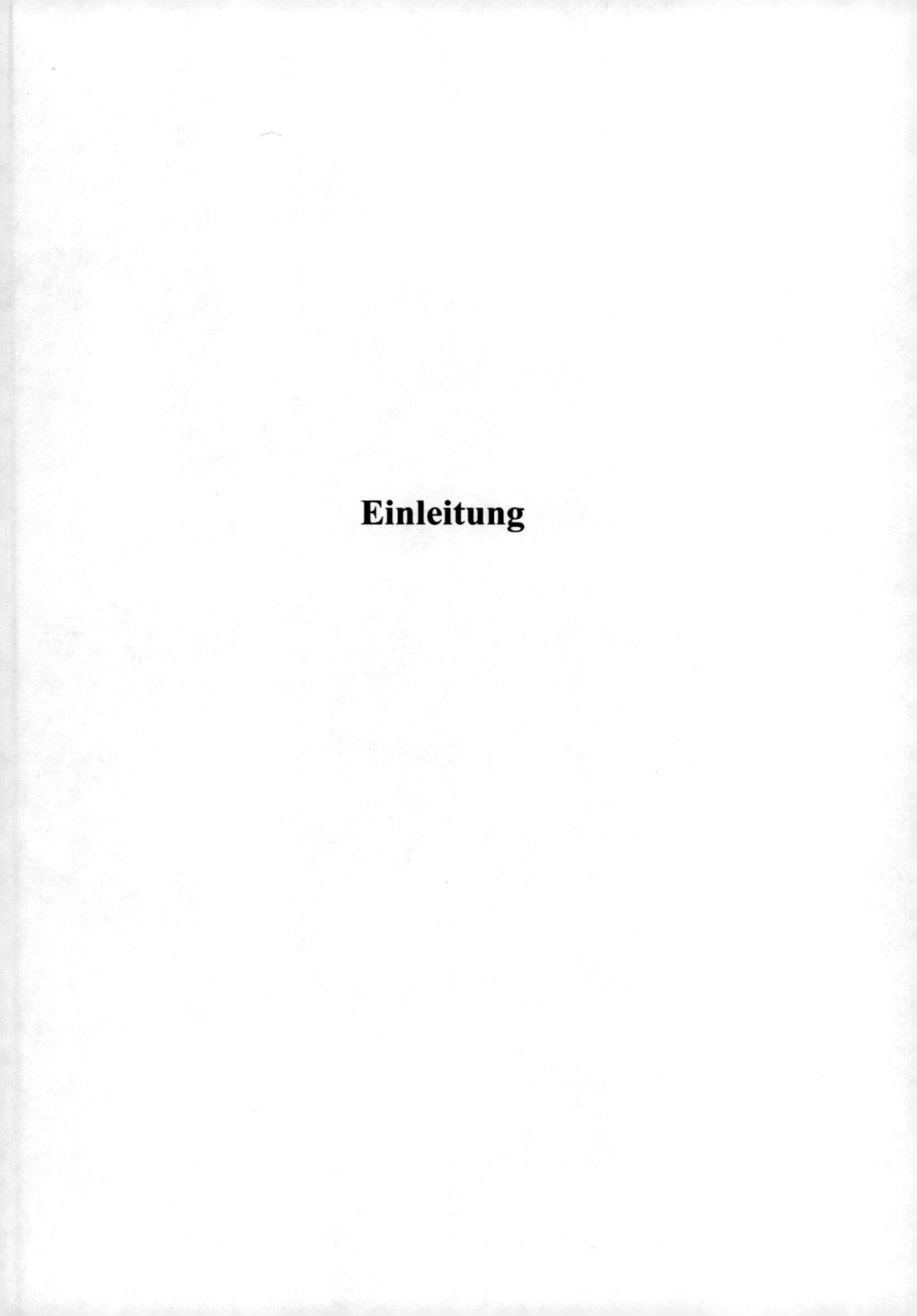

I. Gegenstand der Untersuchung

Die vorliegende Arbeit hat sich zur Aufgabe gemacht, die betriebliche Mitbestimmung im Allgemeinen Gleichbehandlungsgesetz[1] (AGG) zu untersuchen und auf ihr Verhältnis zum Betriebsverfassungsgesetz zu prüfen. Die Betriebsverfassungsparteien waren bereits lange vor Inkrafttreten des AGG gesetzlich dazu verpflichtet, die Belegschaft nicht ohne sachlichen Grund unterschiedlich zu behandeln im Hinblick auf ihre „Abstammung, Religion, Nationalität, Herkunft, politische oder gewerkschaftliche Betätigung oder Einstellung oder wegen ihres Geschlechtes" – so § 51 S. 1 Betriebsverfassungsgesetz 1952 wörtlich. Im Jahre 1972 wurde die Vorschrift zu § 75 Betriebsverfassungsgesetz 1972 und um das Verbot der Benachteiligung nach Altersstufen ergänzt.[2] Durch das Gesetz zur Reform des Betriebsverfassungsgesetzes vom 28. Juli 2001[3] kam zudem das Diskriminierungsmerkmal der sexuellen Identität hinzu.[4] Mit Inkrafttreten des AGG wurde die Terminologie des § 75 Abs. 1 BetrVG nochmals verändert und dem neuen Gesetz entsprechend angepasst und ergänzt,[5] so dass die Betriebspartner nunmehr bereits nach § 75 BetrVG einem Diskriminierungsverbot und einem Gleichbehandlungsgebot unterliegen, die sämtliche Merkmale des § 1 AGG erfassen.

Ziel der arbeitsrechtlichen Regelungen im zweiten Abschnitt des AGG (§§ 6-18) ist nun ebenfalls die Durchsetzung des Verbots sachwidriger Ungleichbehandlung zum Schutze der Beschäftigten vor Benachteiligungen. Dementsprechend enthält das AGG auch Vorschriften, welche die Betriebsverfassungsparteien, insbesondere den Betriebsrat ausdrücklich ansprechen und somit Einfluss auf die Betriebsratstätigkeit nehmen. Eine rechtliche Verzahnung des AGG mit dem BetrVG ist auf der Gesetzgebungsebene allerdings nur rudimentär erfolgt.

---

1 Art. 2 des Gesetzes zur Umsetzung europäischer Antidiskriminierungsrichtlinien vom 14. August 2006, BGBl. I S. 1897, 1903. Umgesetzt wurden: Richtlinie (RL) 76/207/EWG in der Fassung der RL 2002/73/EG vom 23. September 2002 (Genderrichtlinie), RL 2000/43/EG vom 29. Juni 2000 (Antirassismusrichtlinie) und RL 2000/78/EG vom 27. November 2000 (Rahmenrichtlinie).
2 F/K/W/K-*Kreutz*, § 75 Rn 56.
3 Im weiteren: BetrVG.
4 *Fitting*, 23. Aufl., § 75 Rn 1.
5 Art. 3 Abs. 3 des Gesetzes zur Umsetzung europäischer Antidiskriminierungs-richtlinien vom 14. August 2006, BGBl. I S. 1897, 1903.

Im folgenden werden deshalb die Vorgaben zur betrieblichen Mitbestimmung im AGG auf ihr Verhältnis zum BetrVG untersucht und dabei mögliche neue Aufgabenfelder der Betriebsverfassungsparteien ebenso erörtert, wie Überschneidungen sowie Diskrepanzen zwischen den beiden Normkörpern aufgedeckt und diese einer an den Regelungszwecken der beiden Gesetze und der jeweiligen Einzelnormen ausgerichteten Lösung zugeführt.

Nach einer rechtlichen Klärung der vom AGG verwendeten Begriffe der Benachteiligung und der unterschiedlichen Behandlung wendet sich die Arbeit daher zunächst der in § 17 AGG normierten sozialen Verantwortung der Betriebsverfassungsparteien zu. In diesem Rahmen wird einführend eine Abgrenzung zu § 75 BetrVG vorgenommen. Sodann wird besonderes Augenmerk auf einen bislang nur wenig erörterten Themenkomplex gerichtet, der gleichzeitig auch den Schwerpunkt der Arbeit bildet: Die Frage der Regelung positiver Maßnahmen im Sinne des § 5 AGG durch die Betriebspartner, die sich aus der Zuweisung sozialer Verantwortung im Zusammenspiel mit den Beteiligungsrechten aus der Betriebsverfassung ergeben könnte. Dabei wird in die Diskussion um die Berechtigung des Betriebsrats zur Initiierung und Durchsetzung positiver Maßnahmen zum einen das Interesse des Arbeitgebers an freier Personalauswahl miteinbezogen, zum anderen aber auch die rechtliche Wirkung solcher Maßnahmen bei den Nichtgeförderten diskutiert und einer Lösung unter Gesichtspunkten praktischer Konkordanz zugeführt. In engem Kontext mit der sozialen Verantwortung der Betriebspartner wird im weiteren auch das für den Betriebsrat zur Durchsetzung des Benachteiligungsverbots maßgebliche rechtliche Instrumentarium des § 17 Abs. 2 AGG behandelt, das es von der regelungsähnlichen Vorschrift des § 23 Abs. 3 BetrVG abzugrenzen und auf eigene, diskriminierungsspezifische Anforderungen hin zu untersuchen gilt.

Hieran schließt sich die Erörterung des § 13 AGG an. Diese Norm regelt ein Beschwerdeverfahren, welches strukturelle Ähnlichkeit mit den in §§ 84, 85 BetrVG normierten Verfahren aufweist. Einführend werden Überschneidungen und Unterschiede in den Beschwerdegegenständen aufgezeigt. Anschließend wird eine Abgrenzung im Hinblick auf die jeweils zuständigen Beschwerdestellen vorgenommen, bei der das rechtliche Augenmerk insbesondere auch auf die Rechte der Belegschaft auf rechtliches Gehör bei unterschiedlichen Befassungsgremien gerichtet wird. Diese Rechte finden sodann auch Eingang in die umfassende Diskussion um die Beteiligungsrechte der Arbeitnehmervertretung im Rahmen des § 13 AGG.

Schließlich wendet sich die Arbeit den Beteiligungsrechten und möglichen Ansprüchen der Arbeitnehmervertretung an den Schulungen zu, die § 12 Abs. 2 S. 2 AGG den Arbeitgebern durchzuführen nahelegt. Nach einer kurzen rechtlichen Einordnung der Schulungsmaßnahmen und einer hierauf gestützten Ablehnung eines Initiativrechts, werden auch im Rahmen dieser Vorschrift die möglichen Beteiligungsrechte des Betriebsrats ausführlich diskutiert. Schwerpunkt dieser Untersuchung bildet dabei die Abstimmung der diskriminierungsrechtlichen Bildungsmaßnahme mit der vom Betriebsverfassungsrecht vorgegebenen Dreiteilung der Mitbestimmungsrechte der Arbeitnehmervertretung im Rahmen des § 98 BetrVG. Dabei wird der Sinn der einzelnen Beteiligungstatbestände daraufhin überprüft, ob er sich auf den mit einer Schulung im Sinne des § 12 Abs. 2 S. 2 AGG verfolgten Zweck übertragen lässt. Abschließend wird das Schulungsrecht des Betriebsrats aus der Betriebsverfassung erörtert und daraufhin untersucht, ob es einen eigenen Anspruch des Betriebsrats auf eine AGG-Schulung auch dann begründet, wenn der Arbeitgeber eine solche bereits für die gesamte Belegschaft hat durchführen lassen.

II. Begriffsklärung

Ausgangspunkt der nachfolgenden Untersuchung ist die vom AGG verwendete Terminologie, die daher vorab kurz geklärt werden muss. Das AGG kennt den Begriff der Benachteiligung und den der unterschiedlichen Behandlung. Teilweise werden diese Begriffe sowie die mit ihnen in rechtlichem Kontext verwendeten Begriffe der Diskriminierung und der Ungleichbehandlung allerdings in Literatur[6] und Rechtsprechung[7] zu Unrecht synonym verwendet, so dass sowohl von „gerechtfertigten Benachteiligungen" wie von „zulässigen Diskriminierungen" die Rede ist.[8] Zur Klärung der in dieser Arbeit verwendeten Begrifflichkeiten erfolgt zunächst eine Untersuchung der Terminologie des AGG.

§ 1 AGG bestimmt als Ziel des Gesetzes die Verhinderung bzw. Beseitigung von Benachteiligungen, nicht von Ungleichbehandlungen oder unterschiedlichen Behandlungen. § 7 Abs. 1 AGG enthält ein „Benachteiligungs"verbot und kein Verbot der Ungleichbehandlung. Die Rechtfertigungstatbestände der §§ 5, 8-10 AGG sprechen dagegen von der Zulässigkeit „unterschiedlicher Behandlungen". Dies legt bereits den Schluss nahe, dass das Gesetz diesen Begriffen auch eine unterschiedliche Bedeutung beimisst.

Bestätigt wird dies durch eine genaue Betrachtung des § 3 AGG: Dort wird die Benachteiligung in Abs. 1 und Abs. 2 in ihrer jeweiligen Ausgestaltung als unmittelbare bzw. mittelbare Benachteiligung legaldefiniert. So bestimmt § 3 Abs. 1 AGG die wegen eines in § 1 genannten Grundes „weniger günstige Behandlung" einer Person gegenüber einer anderen in vergleichbarer Situation zur unmittelbaren Benachteiligung. Es fällt auf, dass das Gesetz zur Definition der Benach-

---

6 Vgl. etwa *Bauer/Göpfert/Krieger*, § 8 Rn 27 („gerechtfertigte Benachteiligung"); *Fitting*, 24. Aufl., § 99 Rn 199 („berechtigte Benachteiligung"); *Thüsing*, BB 2007, 1504, 1507 („zulässige Diskriminierung"); *Meinel/Heyn/Herms*, § 8 Rn 15 („zulässige Benachteiligung").
7 Vgl. etwa: ArbG Frankfurt/M. Urt. v. 14. März 2007 – 6 Ca 7405/06 – BB 2007, 1736, 1737 („keine unzulässige Diskriminierung"); LAG Rheinland-Pfalz, Urt. v. 11. Januar 2008 – 6 Sa 522/07 – NZA-RR 2008, 343 („unzulässige Benachteiligung"), wobei hier nicht sicher ist, ob die Gerichte die *termini* der Diskriminierung resp. der Benachteiligung als Synonym zur Ungleichbehandlung bzw. unterschiedlichen Behandlung verwenden oder als Pleonasmus.
8 Diskriminierungen sind indes *per definitionem* unzulässig, Benachteiligungen sind ungerechtfertigte unterschiedliche Behandlungen. Benachteiligungen und Diskriminierung können nicht zulässig sein oder berechtigt sein.

teiligung den Terminus der „ungünstigen Behandlung" heranzieht und damit die Verwendung des Begriffs der unterschiedlichen Behandlung zur Definition der Benachteiligung vermeidet. Auch dies deutet darauf hin, dass das AGG die Begriffe der unterschiedlichen Behandlung und der Benachteiligung nicht als Synonyme versteht. Dies lässt sich dann auch der Legaldefinition der mittelbaren Benachteiligung des § 3 Abs. 2 AGG entnehmen. Dort heißt es, dass dem Anschein nach neutrale Vorschriften oder Maßnahmen, den Tatbestand einer (mittelbaren) Benachteiligung nur dann erfüllen, wenn sie nicht sachlich gerechtfertigt sind. Auch hier wird der Begriff der unterschiedlichen Behandlung nicht angeführt.

Der Terminus der unterschiedlichen Behandlung wird vielmehr ausschließlich in den Rechtfertigungstatbeständen der §§ 5, 8-10 AGG oder im Kontext mit diesen, (§ 4 AGG) eingesetzt. In diesen Vorschriften bestimmt das Gesetz ausdrücklich die Zulässigkeit unterschiedlicher Behandlungen. Die Terminologie des AGG weist der Benachteiligung und der „unterschiedlichen Behandlung" mithin gerade nicht die gleiche rechtliche Bedeutung zu und verwendet die Begriffe nicht synonym: Benachteiligungen sind danach immer unzulässig; sie sind per definitionem nicht gerechtfertigte unterschiedliche Behandlungen.[9]

Zu klären bleibt, wie die vom AGG zwar nicht aufgeführten, aber in Literatur und Rechtsprechung ebenfalls verwendeten Begriffe der „Diskriminierung" und der „Ungleichbehandlung" zueinander und zu den vom AGG verwendeten Begriffen stehen. Das Wort der „Diskriminierung", ist dem lateinischen Wort „discriminatio" nachgebildet. Dieses Stammwort selbst beinhaltet keine Qualifikation eines Verhaltens als positiv oder negativ, im heutigen alltäglichen Sprachgebrauch wird dem Begriff der Diskriminierung aber eine negativ stigmatisierende Wertung beigemessen.[10] Es wurde dem Fraktionsentwurf zu dem avisierten Vorläufer des AGG aus dem Jahre 2004 als Gesetzesüberschrift vorangestellt: Der Entwurfstitel hieß „Gesetz zum Schutz vor Diskriminierungen - ADG".[11] In dem Textkörper des Entwurfs ist die Terminologie dann allerdings identisch mit der des AGG: Dort finden sich die Begriffe der Benachteiligung und der unterschiedlichen Behandlung. Näheren Aufschluss über die Verwendung des Begriffs der Diskriminierung enthält der Entwurf mithin nicht. Hierüber gibt auch die Auswechslung des Titels unter

---

9 So auch Schleusener/Suckow/Voigt-*Schleusener*, § 1 Rn 14.
10 *Lingscheid*, S. 7 f.
11 BT-Drucks. 15/4538.

Beibehaltung des wesentlichen Normkörpers als solches keine Auskunft: Dies war lediglich dem politischen Umstand geschuldet, dass das Gesetzgebungsverfahren zum ADG aufgrund vorgezogener Neuwahlen abgebrochen und mit Rücksicht auf den Grundsatz der Diskontinuität unter veränderter Gesetzesbezeichnung in der nächsten Legislaturperiode neu in Gang gesetzt werden musste.[12]

Allerdings kann den europäischen Richtlinien[13], die dem AGG zu Grunde liegen, eine Legaldefinition der Diskriminierung entnommen werden, die mit der Definition des AGG zur Benachteiligung im Wesentlichen identisch ist. Der Rechtsbegriff wird auch auf europarechtlicher Ebene als Verbotstatbestand geführt.[14] Dies spricht dafür, den Begriff der Benachteiligung und den der Diskriminierung synonym zu verwenden. Darüber hinaus formulieren die Richtlinien auf der Ebene der Rechtfertigung, dass „Ungleichbehandlungen (....) keine Diskriminierung" darstellen,[15] so dass auch die Begriffe der Ungleichbehandlung und der unterschiedlichen Behandlung (die nach dem AGG gerechtfertigt) sein kann) ebenfalls synonym gebraucht werden können.

Dementsprechend werden in der vorliegenden Arbeit die Begriffe der Benachteiligung und der Diskriminierung synonym als ungerechtfertigte Ungleichbehandlung bzw. unzulässige unterschiedliche Behandlung verstanden. Die zuletzt genannten Begriffe werden ebenfalls als Synonyme verwendet.

---

12 Däubler/Bertzbach-*Däubler*, Einleitung Rn 9 f.
13 Art. 2 Abs. 2 der RL 76/207/EWG in der Fassung der RL 2002/73/EG, Art. 2 Abs. 2 der RL 2000/43/EG und Art. 2 Abs. 2 der RL 2000/78/EG.
14 *Lingscheid*, S. 8.
15 Art. 2 Abs. 6 der RL 76/207/EWG in der Fassung der RL 2002/73/EG, Art. 4 der RL 2000/43/EG und Art. 4 Abs. 1, Abs. 2, Art. 6 der RL 2000/78/EG.

Teil 1

Die soziale Verantwortung der Beteiligten
(§ 17 AGG)

Das AGG ist in seinem zweiten Abschnitt – also seinem arbeitsrechtlichen Teil – in insgesamt vier Unterabschnitte gegliedert, deren Letzter den Titel „ergänzende Vorschriften" trägt. Dort ist die Vorschrift des § 17 AGG verortet, die die amtliche Überschrift „Soziale Verantwortung der Beteiligten" trägt. Diese Norm setzt die von den EU-Richtlinien statuierte Förderung des „sozialen Dialogs" um.[16] Die Richtlinien geben jedoch weder vor, was genau unter einem solchen „sozialen Dialog" zu verstehen ist, noch wie dieser zu befördern ist und unter welchen Voraussetzungen er sich geeignet, Förderungsinstrument im Sinne der Richtlinien zu sein.[17]

Auch die Gesetzesbegründung zu § 17 AGG fordert die Betriebsverfassungsparteien auf, ihren Beitrag zur Verwirklichung des Ziels des AGGs zu leisten und „betont ihre [soziale] Verantwortlichkeit," – so die Begründung zum zweiten Absatz des § 17 AGG,[18] der ein gerichtliches Procedere zur Unterbindung oder Verhinderung von Benachteiligungen vorsieht. Die Vorschrift des § 17 AGG zeigt sich in ihren beiden Absätzen damit als umfassende Handlungsaufforderung an die Betriebsverfassungsparteien, ohne jedoch auch nur im Ansatz zu konkretisieren, ob, und wenn ja, welche Befugnisse im Einzelnen mit ihr verbunden sind.

Daher muss durch Auslegung des § 17 Abs. 1 AGG im Lichte der wenigen Anhaltspunkte, die die Richtlinien hierfür bieten, Klarheit erlangt werden darüber, was der Rechtsanwender sich unter einem solchen sozialen Dialog vorstellen muss und damit auch darüber, welcher Art die „soziale Verantwortung" ist, die der Gesetzgeber den Beteiligten zugewiesen wissen wollte.[19] Dabei wird auch einfließen müssen, dass das in § 17 Abs. 2 AGG geregelte Hauptinstrumentarium des Betriebsrats zur Durchsetzung des Benachteiligungsverbots und anderer, insbesondere vorbeugender Pflichten des Arbeitgebers aus dem AGG,[20] auch unter der Überschrift der „Sozialen Verantwortung" geführt wird. Die Vorschrift dient mithin insgesamt der Prävention von Diskriminierungen.[21]

---

16 Vgl. die Überschrift des Art. 11 der Richtlinie (im weiteren RL) 2000/43/EG und des Art. 13 der RL 2000/78/EG.
17 Schieck-*Kocher*, § 17 Rn 1; *Schieck,* NZA 873, 877.
18 BT-Drucks. 16/1780, S. 39.
19 Beteiligungsrechte aus § 17 AGG ableitend wohl auch *Pulte,* NZA-RR 2008, 113, allerdings ohne nähere Begründung.
20 BT-Drucks. 16/1780, S. 39.
21 Schieck-*Kocher,* § 17 Rn 4.

Der Betriebsrat wird ausdrücklich lediglich in dieser einzigen Bestimmung des AGG angesprochen: So heißt es in § 17 Abs. 2 AGG, dass „der Betriebsrat" die dort bestimmten Rechte geltend machen kann. Allerdings nimmt § 17 Abs. 1 AGG die „Beschäftigten und ihre Vertretungen" in Bezug, zu denen der Betriebsrat als Vertretungsorgan der Arbeitnehmer zählt.[22] Daneben gehören auch Personalrat, Sprecherausschuss der Leitenden Angestellten, Jugend- und Auszubildendenvertretung, Schwerbehindertenvertretung und die Mitarbeitervertretungen in kirchlichen Einrichtungen zu den Adressaten der Vorschrift. Da der Untersuchungsgegenstand der Arbeit vorrangig auf den Betriebsrat fokussiert ist, wird im weiteren nur von ihm gesprochen, obgleich die Norm des § 17 Abs. 1 AGG diese weiteren Beschäftigtenvertreter ebenso miteinbezieht wie die Tarifvertragsparteien, die Arbeitgeber und die Beschäftigten selbst.

Bevor im zweiten Teil der Arbeit die Handlungsmöglichkeiten und Mitwirkungsbefugnisse des Betriebsrats, die sich aus seiner sozialen Verantwortung im Sinne des § 17 Abs. 1 AGG ergeben, untersucht werden können, muss eine Abgrenzung dieser Norm zu der regelungsähnlichen Vorschrift des § 75 Abs. 1 AGG vorgenommen werden:

---

22 Däubler/Bertzbach-*Buschmann*, § 17 Rn 8.

I. Die Abgrenzung der Regelungsbereiche von § 75 Abs. 1 BetrVG und § 17 Abs. 1 AGG

Wie soeben angedeutet, enthält das BetrVG eine dem § 17 Abs. 1 AGG auf den ersten Blick sehr ähnliche Regelung für die Organe der Betriebsverfassung, § 75 Abs. 1 BetrVG[23]: So sollen Betriebsrat und Arbeitgeber darüber wachen, dass die im Betrieb tätigen Personen nicht benachteiligt werden und gleichzeitig die elementaren Grundsätze der Gleichbehandlung während der gesamten betrieblichen Tätigkeit, insbesondere bei der Wahrnehmung der Beteiligungsrechte und -pflichten beachten.[24] Dabei ist § 75 Abs. 1 BetrVG mit Inkrafttreten des AGG als einzige Norm des gesamten BetrVG geändert[25] und der Terminologie des AGG angepasst worden, indem in die Aufzählung der unzulässigen Differenzierungsmerkmale die Benachteiligungsverbote aus Gründen der Rasse, der ethnischen Herkunft, der Weltanschauung, der Behinderung und des Alters, die bisher in § 75 Abs. 1 BetrVG nicht ausdrücklich genannt waren, eingefügt wurden.[26] Mit der Aufnahme des Merkmals „Alter" wurde zum einen klargestellt, dass jegliche altersbedingte Benachteiligung zu unterbleiben hat und gleichzeitig der § 75 Abs. 1 S. 2 BetrVG a.F., der nur das höhere Alter, also nur dasjenige im Hinblick auf die Überschreitung bestimmter Altersgrenzen schützen sollte, obsolet wurde und mithin zu streichen war.[27]

Es stellt sich deshalb die Frage, ob und inwieweit die Vorschrift des § 17 Abs. 1 AGG in Bezug auf den Betriebsrat überhaupt einen eigenen Regelungsgehalt gegenüber dem § 75 Abs. 1 BetrVG aufweist. Teilweise[28] wird daher auch vertreten, die Vorschrift enthalte eine „ähnliche, lediglich etwas konkretere Verpflichtung". Dies steht zur Untersuchung. Für den Fall, dass § 75 Abs. 1 BetrVG in seinem Regelungsgehalt allerdings über den § 17 Abs. 1 AGG hinausgehen sollte, bestimmt § 2 Abs. 3 AGG, dass das weitergehende Gesetz durch das AGG nicht berührt wird.

---

23 *Rühl/Schmid/Viethen*, S. 89 f.
24 *Fitting*, 24. Aufl., § 75 Rn 4.
25 Art. 3 Abs. 3 des Gesetzes zur Umsetzung europäischer Richtlinien zur Verwirklichung des Grundsatzes der Gleichbehandlung vom 14. August 2006, BGBl. I S. 1897, 1903.
26 BT-Drucks. 16/1780, S. 56.
27 BT-Drucks. 16/1780, S. 56.
28 So *Bauer/Göpfert/Krieger*, § 17 Rn 8.

§ 75 Abs. 1 BetrVG (alter wie neuer Fassung) dient der Beachtung der grundrechtlichen Wertentscheidungen, insbesondere der Gleichheitsrechte des Art. 3 GG und verbietet Arbeitgeber und Betriebsrat die Benachteiligung der Betriebsangehörigen wegen bestimmter Merkmale.[29] Die sonst im Privatrechtsverkehr umstrittene unmittelbare Grundrechtsbindung[30] wird durch diese Norm verbindlich angeordnet.[31] Das so statuierte Gleichbehandlungsgebot und dessen rechtlicher Antagonist, das Benachteiligungsverbot, sind zum einen als betriebliches Überwachungsgebot nicht nur gegenüber der Belegschaft, sondern auch gegenüber dem jeweiligen betrieblichen Gegenspieler ausgestaltet.[32] Zum anderen verstehen sie sich als umfassende und verbindliche Handlungsdoktrin für die gesamte betriebliche Tätigkeit, insbesondere auch für die Wahrnehmung der Beteiligungsrechte und -pflichten des Betriebsrats beim Erlass von Betriebsvereinbarungen; damit nehmen sie als Auslegungsregelungen maßgeblichen Einfluss auf die inhaltliche und umfangmäßige Ausgestaltung der Beteiligungsrechte des Betriebsrats.[33]

Dies alles erweckt den Anschein, dass der § 75 Abs. 1 BetrVG[34] und § 17 Abs. 1 AGG neben einer gewissen strukturellen Ähnlichkeit auch inhaltlich nahezu identisch ausgestaltet sind.[35] Tatsächlich sind aber Unterschiede zu erkennen, die zwar im Hinblick auf die Normadressaten wenn überhaupt nur marginale Folgen zeitigen, im Hinblick auf die Handlungsbefugnisse des Betriebsrats aber weitreichendere rechtliche Konsequenzen nach sich ziehen.

---

29 *Fitting*, § 75 Rn 1. Zu den Merkmalen im Einzelnen sogleich unten, S. 14 ff.
30 Zum Streitstand: *Guckelberger,* JuS 2003, 1151 ff.
31 *Fitting,* § 75 Rn 29.
32 *Fitting,* § 75 Rn 17 ff.
33 *Fitting,* § 75 Rn 1, 4 und 17 ff.; für den § 75 Abs. 1 BetrVG n.F. : *derselbe,* 23. Aufl. § 75 Rn 1, 3 und 14 ff. für den § 75 BetrVG a.F.
34 Nebst den dort neben der Gleichbehandlungsdoktrin auch angesprochenen Grundsätzen von Recht und Billigkeit. Unter Letzteren wird die geltende Rechtsordnung verstanden. Die Beachtung der Grundsätze der Billigkeit dient der Verwirklichung der Einzelfallgerechtigkeit, wobei auch auf berechtigte menschliche, soziale und wirtschaftliche Belange im Einzelfall Rücksicht zu nehmen ist, soweit dies im Rahmen der geltenden Rechtsordnung möglich ist, vgl. *Fitting,* § 75 Rn 25 ff.
35 *Bauer/Göpfert/Krieger,* § 17 Rn 8.

1. Divergierende Normadressaten

Die Arbeitgeberbegriffe des § 75 Abs. 1 BetrVG und der des § 17 Abs. 1 AGG sind nicht kongruent. Daher ist zu prüfen, inwieweit diese Begriffe divergieren und ob und welche Auswirkungen sich aus einer solchen Divergenz im vorliegenden Zusammenhang ergeben.

Eine Legaldefinition des Arbeitgeberbegriffs existiert für die Betriebsverfassung nicht und der am Einzelarbeitsverhältnis[36] orientierte allgemeine Arbeitgeberbegriff wäre für ihre Zwecke unbrauchbar, weil hier die unternehmerische Entscheidungsfreiheit im Rahmen der betrieblichen Organisationsgewalt begrenzt werden soll[37] und daher der Arbeitgeber als Inhaber des Betriebs angesprochen werden muss, der nicht mit der individualarbeitsrechtlich mit der Belegschaft verbundenen Person identisch sein muss.[38] Der Adressat des § 75 Abs. 1 BetrVG bestimmt sich mithin danach, wer als Gegenspieler des Betriebsrats die betrieblichen Abläufe festlegt,[39] ist also der jeweilige Träger der Organisationshoheit.

Die Bestimmung des Arbeitgebers als Träger der Organisationshoheit führt allerdings nicht dazu, dass sich damit der Schutz des § 75 Abs. 1 BetrVG auf sämtliche seinem betrieblichen Hoheitsbereich unterliegenden Mitarbeiter erstreckt. Zwar regelt § 75 Abs. 1 BetrVG ausdrücklich, dass „alle im Betrieb tätigen Personen" erfasst werden. Insoweit wird der Anwendungsbereich des § 75 aber von § 5 BetrVG begrenzt: Selbständige, Organmitglieder und potentielle Beschäftigte (Bewerber) unterliegen grundsätzlich nicht den Bestimmungen des BetrVG.[40]

---

36 Im Individualarbeitsrecht ziehen Rechtsprechung und Rechtslehre zur Bestimmung des Arbeitgebers schlicht den Arbeitsvertrag heran und definieren den Arbeitgeber als denjenigen Vertragspartner des Arbeitsverhältnisses, der kraft Arbeitsvertrag Dienstleistungen vom Arbeitnehmer fordern kann. *Wißmann,* NZA 2001, S. 409; BAG Urteil vom 9. September 1982 – 2 AZR 253/80 – AP Nr. 1 zu § 611 BGB Hausmeister.
37 BetrVG-*Richardi,* 11. Aufl. Einleitung Rn 121. Ausnahmen – bei denen der Arbeitgeber auch als Vertragspartner des Arbeitnehmers angesprochen wird – bestehen in den Fällen, in denen sich die Wahrnehmung von Betriebsratstätigkeit auch auf das Einzelarbeitsverhältnis des Betriebsratsmitglieds auswirkt
38 *Wißmann,* NZA 2001, S. 409, 410 ff., der als Beispiele für in der Rechtswirklichkeit bestehende Problemfälle den gemeinsamen Betrieb und die Arbeitnehmerüberlassung nennt.
39 *Wißmann,* NZA 2001, S. 409, 410 ff.
40 Dies gilt allerdings im Hinblick auf das Benachteiligungsverbot des § 75 Abs. 1 BetrVG wegen ihrer Schutzbedürftigkeit nicht für die in § 5 Abs. 2 Nr. 3-5 BetrVG genannten

Anders ist dies für das AGG. § 6 Abs. 2 AGG enthält eine auf den arbeitsrechtlichen Teil des AGG begrenzte Legaldefinition des Arbeitgeberbegriffs. Danach sind Arbeitgeber (natürliche und juristische) Personen sowie rechtsfähige Personengesellschaften[41], die andere Personen nach § 6 Abs. 1 und Abs. 3 AGG beschäftigen. Durch die Bezugnahme auf § 6 Abs. 1 und Abs. 3 AGG wird die Arbeitgebereigenschaft in bestimmten Konstellationen folglich auch auf Bewerber, ehemalige Beschäftigte, Selbständige und Organmitglieder fingiert.[42] Der Arbeitgeberbegriff des AGG ist damit grundsätzlich weiter als derjenige des BetrVG. Damit könnte sich die Arbeitnehmervertretung durch die von § 17 Abs. 1 AGG statuierte Aufforderung berufen fühlen, etwa die Benachteiligung eines Organmitglieds zu verhindern.

Es wird allerdings zu vergegenwärtigen sein, dass § 17 AGG auch betriebsverfassungsrechtliches Instrumentarium sein will, was nicht zuletzt daraus ersichtlich wird, dass § 17 Abs. 2 AGG seine Anwendung an bestimmte Vorgaben des BetrVG knüpft. Im betriebsverfassungsrechtlichen Kontext einer Anwendung des AGG wird der Arbeitgeberbegriff des BetrVG daher auf das AGG ausstrahlen und diesen begrenzen müssen. So wäre etwa die Regelungsbefugnis des Betriebsrats zur Etablierung von Fördermaßnahmen für Selbständige oder Organmitglieder abzulehnen, weil diese zwar von § 17 Abs. 1 AGG, nicht aber von § 95 BetrVG erfasst werden; dagegen gibt § 17 Abs. 2 AGG dem Betriebsrat unmittelbar die Befugnisse Benachteiligungsverstöße des „Arbeitgebers" gegenüber Selbständigen und Organmitgliedern geltend zu machen.

Personen, *Fitting*, § 75 Rn 13, der im übrigen in Rn 16 nunmehr auch sämtliche vom AGG erfassten Personen in den § 75 Abs. 1 BetrVG einbeziehen will. Dies ist im Ergebnis zwar richtig, dogmatisch aber unsauber, weil dies gerade nicht aus dem BetrVG, sondern aus § 17 Abs. 1 AGG abzuleiten ist.

41 Vgl. § 14 Abs. 2 BGB.
42 So auch *Bauer/Göpfert/Krieger*, § 6 Rn 16. Dagegen umfasst der Schutz des § 75 BetrVG zwar dem Wortlaut nach „alle im Betrieb tätigen Personen". Davon nicht erfasst sind indes solche Personen, die keine abhängige Tätigkeit ausüben, und Organmitglieder, vgl. *Fitting*, § 75 Rn 15.

2. Abweichungen bei einzelnen Differenzierungsverboten

Sachlich enthält § 75 Abs. 1 BetrVG neben dem oben schon erwähnten Überwachungsgebot und einem Gleichbehandlungsgebot seinerseits auch ein sich auf sämtliche in § 1 AGG aufgeführten Diskriminierungsmerkmale erstreckendes Benachteiligungsverbot.[43] Dieses Benachteiligungsverbot des § 75 Abs. 1 BetrVG geht seinem Wortlaut nach noch über das Diskriminierungsverbot des AGG hinaus, zum einen, weil die Norm vier Merkmale nennt, die § 1 AGG nicht anspricht. Zum anderen sind in § 75 BetrVG diese sog. verpönten Merkmale nicht enumeriert („insbesondere"), so dass die Norm für „neue" Benachteiligungsgründe offen ist.[44]

Fraglich ist, ob es sich bei den in § 75 Abs. 1 BetrVG gegenüber dem § 1 AGG zusätzlich genannten Differenzierungsmerkmalen auch materiell um weitere Merkmale handelt, oder ob die Differenzierungsgründe der „Abstammung", der „sonstigen Herkunft", der „Nationalität" und der „politischen oder gewerkschaftlichen Bestätigung oder Einstellung" lediglich Unterbegriffe der Merkmale der „Rasse oder ethnischen Herkunft" oder der „Weltanschauung" sind. Dies hängt von den Definitionen ab, die diesen Differenzierungskriterien im Rahmen des § 1 AGG beigemessen werden:

a. Rasse oder ethnische Herkunft

Die von § 1 AGG normierten Begriffe der „Rasse" und der „ethnischen Herkunft" hat der nationale Gesetzgeber der Richtlinie 2000/43/EG vom 29. Juni 2000 entnommen, die ihrerseits Art. 13 EG-Vertrag in Bezug nimmt,[45] der beide Begriffe ebenfalls anführt. Keine der Vorschriften definieren diese verbotenen Differenzierungsmerkmale.

---

43 Vgl. schon die Einleitung, S. 1 f. und *Fitting,* § 75 Rn 57 ff.
44 Zu denken ist hier beispielsweise an das Merkmal der Fettleibigkeit oder –wie etwa im französischen Recht – an eine Benachteiligung wegen genetischer Merkmale oder dem körperlichen Erscheinungsbild, L.122-45 Arbeitsgesetzbuch, zitiert nach *Le Friant,* AuR 2003, 51, 53. Dazu, dass auch das deutsche Arbeitsrecht zunehmend europäisiert wird: *Waas,* RdA 2007, 76.
45 Vgl. Erwägungsgrund (7) der RL 2000/43/EG.

Die Gesetzesbegründung zum AGG führt lapidar aus, „die Bedeutung der aufgezählten Merkmale erschließ[e] sich weithin ohne besondere Erläuterung,"[46] um dann zum Merkmal der Rasse die auf den Erwägungsgrund 6 der Richtlinie 2000/43/EG zurückgehende Erklärung anzuführen, wonach die Existenz verschiedener menschlicher Rassen sich nicht belegen lässt, gleichwohl aber eine Anknüpfung an dieses Merkmal pönalisiert wird. Hieraus wird deutlich, dass das Merkmal nicht an eine (nicht existente) Rasse anknüpft, sondern an die durch Vorurteile geprägte Vorstellung über Rassen.[47] Diese Vorstellung wiederum knüpft ihrerseits an biologische körperliche Merkmale an, wie etwa an die Hautfarbe.[48] Die Nationalität ordnet eine Person einem bestimmten Staat zu.[49] Die Abstammung ist die durch Eltern und Vorfahren begründete Zugehörigkeit zu einer bestimmten Familie oder Volksgruppe oder Rasse.[50] Die sonstige Herkunft erstreckt sich auf die örtliche, regionale oder soziale Herkunft einer Person.[51] Die Begriffe der Abstammung und der Rasse können sich folglich überschneiden. Die Nationalität und die sonstige Herkunft knüpfen indes nicht an biologische Merkmale an und werden daher von dem Begriff der Rasse nicht erfasst.[52]

Der Begriff der ethnischen Herkunft ist ebenso schwer zu fassen, wie derjenige der Rasse. Einhellig wird eine weite Auslegung befürwortet.[53] Erfasst werden Menschen, die einen gemeinsamen kulturellen, sprachlichen, sozialen, traditionellen oder geschichtlichen Hintergrund haben, der in der jeweiligen Umgebung dieser Person oder Personengruppe zu Vorurteilen führen könnte oder schon geführt hat.[54] Damit überschneidet sich dieser Begriff mit dem der Abstammung.[55]

Wie oben angesprochen kann der Begriff der Nationalität mit dem der Staatsangehörigkeit gleichgesetzt werden.[56] Diese wird von § 1 AGG nicht als verpöntes Merkmal aufgeführt und auch Art. 3 Abs. 2 der Antirassismusrichtlinie sowie Art.

---

46 BT-Drucks. 16/1780, S. 30.
47 DKK-*Däubler*, § 1 Rn 23.
48 Rudolf/Mahlmann-*Voggenreiter,* § 8 Rn 23.
49 *Fitting,* § 75 Rn 67.
50 *Fitting,* § 75 Rn 65.
51 DKK-*Berg,* § 75 Rn 15.
52 So auch *Fitting,* § 75 Rn 65 f.
53 *Fitting,* 24. Aufl., § 75 Rn 63; Däubler/Bertzbach-*Däubler,* § 1 Rn 27; *Thüsing,* NJW 2003, 3443, *Bauer/Göpfert/Diller* § 1 Rn 18;
54 Däubler/Bertzbach-*Däubler,* § 1 Rn28 f.; *Fitting,* 24. Aufl., § 75 Rn 64 jeweils mwN.
55 *Fitting,* 24. Aufl., § 75 Rn 65.
56 *Fitting,* 24. Aufl., § 75 Rn 67.

3 Abs. 2 der Rahmenrichtlinie lassen eine unterschiedliche Behandlung aus Gründen der Staatsangehörigkeit ausdrücklich zu. Damit könnte das betriebsverfassungsrechtliche Benachteiligungsverbot insofern weiter gefast sein. Die Richtlinien hatten allerdings lediglich die autonome Regelung der Einwanderungspolitik der Mitgliedsstaaten im Blick:[57] Nur Hoheitsakte solchen Inhalts unterliegen dem Benachteiligungsverbot nicht.[58] Im Rahmen eines Arbeitsverhältnisses sind damit nach dem AGG auch Benachteiligungen wegen der Staatsangehörigkeit verboten, es sei denn, diese fußen auf fehlenden öffentlich-rechtlichen Erlaubnissen oder Genehmigungen.[59] Damit werden die Begriffe der Abstammung und der Nationalität vom Begriff der ethnischen Herkunft im Sinne des § 1 AGG erfasst. Die Norm ist mit § 75 Abs. 1 BetrVG zumindest insoweit deckungsgleich.

Ausgeklammert von diesem Verständnis der ethnischen Herkunft bleibt indes der Begriff der sonstigen Herkunft, soweit er die soziale bzw. sozioökonomische Herkunft erfasst.[60] Lediglich insoweit ist der Anwendungsbereich des § 75 Abs. 1 BetrVG daher weiter angelegt als der des § 17 AGG.

b. Die Weltanschauung

§ 1 AGG kennt die von § 75 Abs. 1 BetrVG aufgeführten Begriffe der „politischen oder gewerkschaftlichen Betätigung oder Einstellung" nicht, verwendet aber den der „Weltanschauung", den § 75 Abs. 1 BetrVG dagegen bis zum Inkrafttreten des AGG und seiner dementsprechenden Angleichung nicht aufführte. Es wird diskutiert, ob unter dem gleichbehandlungsrechtlichen Begriff der Weltanschauung des AGG auch die politische oder gewerkschaftliche Überzeugung

---

57   Eine unterschiedliche Behandlung wegen der Staatsangehörigkeit würde für Staatsbürger der Mitgliedstaaten auf EU-Ebene bereits gegen das Gebot der Arbeitnehmerfreizügigkeit aus Art. 39 ff. EG-V verstoßen, vgl. *Krimphove,* Rn 161.
58   Däubler/Bertzbach-*Däubler,* § 1 Rn 32.
59   Däubler/Bertzbach-*Däubler,* § 1 Rn 32; Rudolf/Mahlmann-*Voggenreiter,* § 8 Rn 100. Vgl. auch ausführlich zum europarechtlichen Verbot der Diskriminierung wegen der Staatsangehörigkeit: *Colneric,* NZA-Beil. 2008, Heft 2, 66 f.
60   *Fitting,* 24. Aufl., § 75 Rn 66. Dass sich Vorurteile vielfach auch auf die soziale bzw. sozioökonomische Herkunft eines Menschen beziehen und schichtenspezifisches Denken zu (eklatanten) beruflichen Benachteiligungen führt, wird im sowohl im europäischen und amerikanischen Rechtsraum seit geraumer Zeit gerade auch im Hinblick auf positive Maßnahmen diskutiert, vgl. *Goldmann,* S. 183 ff.

gefasst werden kann.[61] Die Befürworter einer solchen Sichtweise stützen sich im Wesentlichen auf eine europarechtliche Auslegung des Begriffs[62], während die Gegner eine am deutschen Verfassungsrecht orientierte Sichtweise bemühen.[63] Tatsächlich wird eine auch für die Zukunft handhabbare praxisorientierte Auslegung des Begriffs der Weltanschauung das nationale Verfassungsverständnis mit seinem inkorporierten „Staatskirchenschutz" ebenso im Blick haben müssen, wie die überwiegende europäische Interpretation[64] und eine entsprechende Harmonisierung anstreben müssen.[65] Auch im Rahmen des AGG ist daher die politische Überzeugung und gewerkschaftliche Betätigung zu schützen, sofern ihr ein bestimmter Grad an Überzeugungskraft, Ernsthaftigkeit, Widerspruchsfreiheit und Bedeutsamkeit immanent ist.[66]

---

61 Dafür: Däubler/Bertzbach-*Däubler*, § 1 Rn 68 ff.; derselbe, NJW 2006, S. 2608 f.; a.A. Bauer/Göpfert/Krieger, § 1 Rn 30.
62 *Däubler*, NJW 2006, 2608 f.; Däubler/Bertzbach-*Däubler*, § 1 Rn 58 ff. mit Verweis nicht nur auf die fremdsprachlichen Fassungen der Richtlinien, sondern auch auf Art. 9 und 14 EMRK.
63 *Bauer/Göpfert/Krieger* § 1 Rn 30, so auch noch Rudolf/Mahlmann-*Voggenreiter*, § 8 Rn 30.
64 Im französischen Recht gehören politische, gewerkschaftliche und genossenschaftliche Betätigungen zu den sog. verpönten Merkmale vgl. Le Friant, AuR 2003, 51, 53; *Bailly/ Feuerborn*, EuZA 2008, 68, 70.
65 Zur zunehmenden Europäisierung des deutschen Arbeitsrechts allgemein vgl. *Waas*, RdA 2007, S. 76 ff.
66 Im Ergebnis auch Däubler/Bertzbach-*Däubler*, § 1 Rn 69. A.A. *Adomeit/Mohr*, § 1 Rn 80, die befürchten, es könnte sonst jedwede Arbeitsanweisung mit der Behauptung desavouiert werden, anderer Ansicht zu sein. Die Furcht ist allerdings unbegründet: Ein Leistungsverweigerungsrecht stünde dem Arbeitnehmer nur unter den Voraussetzungen des § 273 BGB zu (vgl. dazu Schleusener/Suckow/Voigt-*Suckow*, § 14 Rn 33), nachdem der Arbeitnehmer/Beschäftigte zum Beweis des Gegenanspruchs Indizien vorbringen, aus denen sich ergibt, die Arbeitsanweisung sei *wegen* seiner politischen Ansicht ergangen. Dies wird bei sachlich begründeten und arbeitstechnisch notwendigen Anweisungen nicht der Fall sein.

3. Allgemeiner arbeitsrechtlicher Gleichbehandlungsgrundsatz als Regelungsmaterie

Damit scheinen die Normen des § 17 Abs. 1 AGG und des § 75 Abs. 1 BetrVG jedenfalls im Hinblick auf die Beziehungen zwischen Betriebsrat, Arbeitgeber und Belegschaft einen weitgehend identischen Regelungsbereich aufzuweisen. Nach der erst genannten Vorschrift sind die betriebsverfassungsrechtlichen Akteure dazu aufgerufen, an der Verwirklichung der Prävention und Beseitigung von Benachteiligungen aus in § 1 AGG aufgeführten Gründen mitzuwirken. Diese Gründe greift auch § 75 Abs. 1 BetrVG auf und bestimmt, dass die Betriebsverfassungsparteien darüber zu wachen haben, dass niemand wegen dieser benachteiligt wird, mithin dass jegliche Diskriminierung unterbleibt oder – sollte sie dennoch erfolgt sein – beseitigt wird.

§ 75 Abs. 1 BetrVG statuiert aber nicht nur ein Überwachungsgebot der betrieblichen Gegenspieler; anerkannt ist auch, dass die Norm die Beachtung des von Rechtsprechung und Rechtslehre in den 1930er Jahren entwickelten[67] und allgemein anerkannten arbeitsrechtlichen Gleichbehandlungsgrundsatzes fordert.[68] Danach ist über die ausdrücklich genannten Diskriminierungsmerkmale hinaus jede unsachliche Differenzierung zum Nachteil einzelner Arbeitnehmer oder Arbeitnehmergruppen ebenso wie die sachfremde Gruppenbildung verboten,[69] wobei Rechtsfolge eines Verstoßes gegen diesen Gleichbehandlungsgrundsatz die Behandlung des benachteiligten Arbeitnehmers nach Maßgabe der begünstigten Arbeitnehmer ist.[70] Auch dies folgt aus der Offenheit des § 75 Abs. 1 BetrVG für weitere Diskriminierungsmerkmale. Dabei ermöglicht die Norm den Betriebspartnern auch, konkrete Verstöße gegen sämtliche Grundsätze des § 75 Abs. 1 BetrVG – also auch des allgemeinen arbeitsrechtlichen Gleichbehandlungsgrundsatzes – im Beschlussverfahren mittels Unterlassungs- oder Beseitigungsanspruch zu unterbinden.[71]

---

67 *Maute*, S. 17.
68 *Fitting*, § 75 Rn 30. Ausführlich: *Maute*, S. 17; *Schlachter*, S. 93 f.
69 *Fitting*, § 75 Rn 30.
70 St. Rechtsprechung, vgl. etwa BAG Urt. v. 26. September 2007 – 10 AZR 569/06 – AP Nr. 205 zu § 242 BGB Gleichbehandlung.
71 *Pohl*, 989, 991.

Die Unterlassung jedweder sachwidriger Ungleichbehandlung (notfalls auch arbeitsgerichtlich) widerspricht indes der Enumeration der verpönten Merkmale in § 1 AGG, auf den § 17 Abs. 1 AGG ausdrücklich Bezug nimmt. Das AGG verbietet mithin lediglich und ausschließlich die Ungleichbehandlung, die an ein bestimmtes Kriterium anknüpft.[72]

Ganz gleich wie die nachfolgend noch zu untersuchenden Handlungsrechte der betriebsverfassungsrechtlichen Akteure des § 17 Abs. 1 AGG ausgestaltet sind, steht damit jedenfalls fest, dass die Durchsetzung oder Förderung des allgemeinen arbeitsrechtlichen Gleichbehandlungsgrundsatzes davon nicht erfasst wird.

---

72   *Preis,* ZESAR 2007, 249, 250.

II. Zusammenfassendes Ergebnis

Damit steht fest, dass § 75 Abs. 1 BetrVG hinsichtlich der aufgeführten Diskriminierungsmerkmale bzgl. des Merkmals der „sonstigen Herkunft" weiter als § 1 AGG und zudem merkmalsoffen für neu entstehende oder zumindest erstmals in das gesellschaftliche Blickfeld geratende, aber schon bestehende Benachteiligungsgründe ist. Dadurch können die Betriebsverfassungsparteien mit § 75 Abs. 1 BetrVG auch dem allgemeinen arbeitsrechtlichen Gleichbehandlungsgrundsatz zur Geltung verhelfen, was mit § 17 Abs. 1 AGG und seiner engen normativen Bindung an § 1 AGG nicht möglich ist. Gem. § 2 Abs. 3 AGG bleibt § 75 Abs. 1 AGG insoweit unberührt.[73] In personeller Hinsicht ist das AGG dagegen weiter: Bewerber werden von § 75 Abs. 1 BetrVG ebenso wenig erfasst wie Organmitglieder oder Selbständige.[74]

Die Vorschriften sind mithin zwar nicht deckungsgleich, sie überschneiden sich aber in weiten Teilen und mit Ausnahme des personellen Anwendungsbereichs ist die schon seit 1952 etablierte Norm des § 75 Abs. 1 BetrVG erheblich weiter als die erst kürzlich erlassene Vorschrift des § 17 Abs. 1 AGG. Damit stellt sich die Frage nach einem rechtlichen Zugewinn, der den Erlass dieser Vorschrift begleiten könnte.

---

[73] Däubler/Bertzbach-*Hinrichs*, § 2 Rn 214 f.
[74] Siehe oben, S. 14.

Teil 2

Enthält § 17 Abs. 1 AGG den Auftrag der Betriebsparteien zu positiven Maßnahmen?

Ein solcher Zugewinn läge vor, wenn über den § 17 Abs. 1 AGG die Betriebsverfassungsparteien im Zusammenspiel mit § 5 AGG dazu ermächtigt würden, sog. positive Maßnahmen zu initiieren und einzuführen.[75] Von besonderem Interesse ist dabei auch die Frage nach ggf. erzwingbarer Durchsetzung positiver Maßnahmen seitens des Betriebsrats. Um diese Fragen zu beantworten, ist zunächst herauszuarbeiten, was positive Maßnahmen im Sinne des § 5 AGG sind.[76] Sodann sind die Mitwirkungs- und Mitbestimmungsrechte des Betriebsrats auf ihre grundsätzliche Eignung zur Einführung positiver Maßnahmen zu untersuchen[77] und schließlich ist – bei grundsätzlich gegebener Tauglichkeit – die Rechtfertigung einzelner Maßnahmen zu erörtern und zu klären, ob § 17 Abs. 1 AGG geeignet ist, den Betriebspartnern diese Aufgabe zuzuweisen.[78]

---

[75] So wohl Schieck-*Kocher,* § 5 Rn 4, allerdings ohne Begründung. Zum Begriff der positiven Maßnahme siehe sogleich unten S. 22.
[76] Dazu sogleich S. 22 ff.
[77] Zur Unterscheidung Richardi-*Richardi,* Vorbem z. 4. Teil Rn 6 ff.
[78] Dazu unten S. 28 ff.

I. Positive Maßnahmen und ihre Rechtfertigungsbedürftigkeit

Der Begriff der positiven Maßnahme wurde vom deutschen Gesetzgeber erstmals in § 5 AGG kodifiziert, wenngleich die sich hinter dem Begriff verbergenden Rechts- und Realakte bereits viel länger bekannt sind.[79] Eine Legaldefinition existiert nicht. Bekannt ist der Begriff dem nationalen Rechtsraum aber schon aus der deutschen Fassung der Richtlinien 2000/43/EG[80], 2000/78/EG[81] und 2004/113/EG[82], die bereits vor Erlass des AGG vielfach diskutiert wurden.[83] Der Terminus ist eine nicht ganz präzise Übersetzung des in den USA entwickelten Begriffs der *affirmative action*[84] und bezeichnet staatliche[85] und private[86] Maßnahmen und Initiativen, die für bestimmte typischerweise benachteiligte Gruppen von Merk-

---

79 So zählen zu solchen positiven Maßnahmen etwa die Geschlechterquote des § 15 Abs. 2 BetrVG oder die Pflicht der Arbeitgeber zur Beschäftigung schwerbehinderter Menschen aus §§ 71, 81 SGB IX. Vgl. zu ersterem ausführlich *Triemel*, S. 67 ff.,zu letzterem Neumann-*Neumann*, Einleitung Rn 22 ff, § 71 Rn 3 f., § 81 Rn 1 ff.
80 Überschrift Art. 5: „Positive Maßnahmen".
81 Überschrift Art. 7: „Positive Maßnahmen".
82 Überschrift Art. 6: „Positive Maßnahmen".
83 Ohne Anspruch auf Vollständigkeit vgl. etwa *Armbrüster*, ZRP 2005, 41; *Bauer*, NJW 2001, 2672; *Bauer/Krieger*, BB 2004, BB-Special 6/2004, 20; *Bauer/Thüsing/Schunder*, N/A 2005, 32; *Herms/Meinel*, DB 2004, 2370; *Leuchten*, NZA 2002, 1254; *Picker*, JZ 2002, 880; *von Steinau-Steinrück/Schneider/Wagner*, NZA 2005, 28; *Wagner*, ZRP 2005; 136.
84 Däubler/Bertzbach-*Hinrichs*, § 5 Rn 2: weist zu Recht darauf hin, dass der Begriff der positiven Maßnahmen auf den der *affirmative action* zurückgeht. Zwar kennt auch das amerikanische Recht den Begriff der „*positive action*", vgl. *Schubert*, S. 305, dieser ist aber dort lediglich weniger prominentes Synonym der affirmative action und akzentuiert eine sprachlich positive Einstellung zu Fördermaßnahmen.
85 Für die Zeit vor dem Inkrafttreten des AGG etwa: *Hansen*, S. 29; *Wendeling-Schröder*, NZA 2004, 1320, 1322; *Bauer/Krieger*, BB 2004, BB-Special 6/2004, S. 20, 21; *Rust*, NZA 2003, 72, 73; *Schmidt/Senne*, RdA 2002, 80 ff.; *Wiedemann/Thüsing*, NZA 2002, 1234, 1240. Im amerikanischen Recht müssen *affirmative action* staatlicher Organe an der Verfassung (14. Amendment, *equal protection clause*) gemessen werden, Private (Arbeitgeber ab 15 Beschäftigten) werden durch Titel VII des Civil Right Act von 1964 an ein arbeitsrechtliches Diskriminierungsverbot hinsichtlich der Merkmale Rasse, Hautfarbe, Geschlecht und nationaler Herkunft gebunden. Hierzu ausführlich: *Thau*, S. 54 ff. Seit Inkrafttreten des AGG: *Adomeit/Mohr*, § 5 Rn 6; Schleusener/Suckow/Voigt-*Voigt*, § 5 Rn 4.
86 Für die Zeit vor Inkrafttreten des AGG etwa: *Pirstner-Ebner*, EuZW 2004, 205, 207; *Schieck*, NZA 2004, 873, 875; positive Maßnahmen als Instrument der Rechtsdurchsetzung werden diskutiert in: *Blinda/Lessel/Weyand*, NZA 2003, 478, 479; *Schmidt/Senne*, RdA 2002, 80, 83. Seit Erlass des AGG: *Bauer/Göpfert/Krieger*, § 5 Rn 7; Däubler/Bertzbach-*Däubler* § 5 Rn 15; *Adomeit/Mohr*, § 5 Rn 7, 10; Schleusener/Suckow/Voigt-*Voigt*, § 5 Rn 7.

malsträgern gegenüber einer dominierenden, nicht notwendig mehrheitlichen Gruppe „spezifische Vergünstigungen"[87] oder gewisse Vorzugsbehandlungen[88] oder Vorteile einräumen soll beim Zugang zu Positionen, Gütern oder Leistungen, um vergangene oder bestehende Diskriminierungen zu kompensieren oder künftigen Benachteiligungen entgegen zu wirken.[89] Die Zulässigkeit so verstandener rechtlicher Fördermaßnahmen ist bislang in der Bundesrepublik maßgeblich unter dem Gesichtspunkt ihrer verfassungsrechtlichen Rechtfertigung kontrovers diskutiert worden, weil sie im Wesentlichen als Quotenregelungen zu Gunsten von Frauen als „Berufszugangsmaßnahme" im öffentlichen Dienst erlassen wurden. [90] Die Kontroverse um die Quote lässt sich mit dem amerikanischen Schlagwort der *„reverse discrimination"*, also der „umgekehrten Diskriminierung" treffend zusammenfassen.[91] Der Begriff wird in den USA als Synonym für den Begriff der *affirmative action* verwendet[92] und beschreibt anschaulich das sämtlichen positiven Maßnahmen immanente (nicht nur verfassungsrechtliche) Problem einer Ungleichbehandlung aller nicht geförderten Individuen: Die Förderung einer bestimmten Gruppe von Merkmalsträgern führt in dem zu fördernden Umfang zur Nichtförderung aller Nichtmerkmalsträger[93] und damit zu einer (rechtlich beachtlichen) Ungleichbehandlung jedenfalls dann, wenn dem Nichtmerkmalsträger ohne diese Fördermaßnahme ein wie auch immer gearteter (rechtlicher oder tatsächlicher) Vorteil entstehen würde, der ihm durch seine Nichtförderung vorenthalten wird.

---

87 So der Text der Richtlinien 2000/43/EG (Art. 5), 2000/78/EG (Art. 7) und 2004/113/EG (Art. 6), die sich damit alle an der Formulierung des Art. 141 Abs. 4 EG-V orientieren, der die Möglichkeit „spezifischer Begünstigungen" zur effektiven Gewährleistung der vollen Gleichstellung von Männern und Frauen im Arbeitsleben vor sieht.
88 *Hansen,* S. 25.
89 *Bauer/Göpfert/Krieger,* § 5 Rn 1; *Däubler/Bertzbach-Däubler,* § 5 Rn 2; *Swain,* Affirmative Action Revisited, S. 1: „Affirmative action refers to a range of governmental and private initiatives that offer preferential treatment to members of designated racial or ethnic minority groups (or to other groups thought to be disadvantaged), usually as a means for compensating them for the effects of past and present discrimination."
90 Vgl. die Überblicke etwa bei: *Pfarr,* S. 19, die als erste Frauenförderquote der Bundesrepublik eine Regelung der Freien Universität Berlin vom 11. Februar 1981 ausmacht; *Pfarr/Bertelsmann,* S. 92ff.; *Döring,* S. 176 ff. *Triemel,*S. 67 ff.; *Steding,* S. 165 ff.
91 Vgl. hierzu *Schubert,* Affirmative Action und Reverse Discrimination, 2003.
92 *Schubert,* S. 306.
93 Oder zur Nichtförderung von Trägern anderer Merkmale.

Geht eine solche Förderung von staatlichen Organen aus, wird die grundrechtliche Stellung der Nichtgeförderten aus Art. 3 Abs. 3 GG tangiert, denn sie werden ungleich behandelt.[94] Die verfassungsrechtliche Rechtfertigung solcher Ungleichbehandlungen ist – insbesondere wenn die Förderung quotiert wird – immer noch streitig,[95] allerdings sind bestimmte sog. weiche Quoten mit Öffnungsklausel europarechtskonform.[96] Festzuhalten ist an dieser Stelle zunächst, dass die bisherigen Fördermaßnahmen durch staatliches Handeln eingeführt wurden.[97]

1. Verfassungsrechtliche Zulässigkeit

Demgegenüber weist § 5 AGG nunmehr die Besonderheit auf, dass er die Befugnis zur Regelung von Fördermaßnahmen auch auf private Akteure delegiert.[98] § 5 AGG ist insofern Ermächtigungsgrundlage zum Eingriff in grundrechtsrelevante Positionen.[99] Das Grundgesetz gestattet dem Staat die Übertragung solcher

---

[94] Ausführlich: *Steding,* S. 185 ff.

[95] Die verfassungsrechtliche Rechtfertigung von Quotenregelungen ist bis heute umstritten, die Diskussion hat sich aber mittlerweile eher auf die europarechtliche Ebene verlagert.. Aus der umfangreichen Literatur zur nationalen Verfassung (allerdings unter Einbeziehung europarechtlicher Vorgaben) und ohne Anspruch auf Vollständigkeit vgl. nur *Schubert,* S. 75, 83, 87 f. 527; Die Zulässigkeit von Quoten bejahen: *Maidowski,* S. 108 ff. *Pfarr,* S. 81 ff.;Sachsowsky, S. 411 f. *Döring,* S. 183 ff., 251; *Kokott,* NJW 1995, 1049, 1051 mit einem Überblick über die historische Entwicklung; *Schmidt,* NJW 1996, 1724, 1726; und verneinen etwa: *Steding,* S. 243 f. mwN; *Schubert,* S. 527.

[96] EuGH Urt. v. 17. Oktober 1995, Rs. C-450/93 (Kalanke), NZA 1995, 1095 ff. = NJW 1995, 3109 ff., = AP EWG RL 76/207 Nr. 6 = BB 1995, 2481; Urt. v. 11. November 1997, Rs. C 409/95, (Marschall), NZA 1997, 3429 ff. = NJW 1997, 3429 ff. = BB 1997, 2590 = AP EWG RL 76/207 Nr. 14; Urt. v. 28. März 2000, Rs. C 158/97, (Badeck), NZA 2000, 473 ff. = NJW 2000, 549 ff. = EuZW 2000, 474 ff. Urt. v. 19. März 2002, Rs. C-476/99, (Lommers), NZA 2002, 501 ff. = AP EWG-RL 76/207 Nr. 29 = EuZW 2002, 2346 ff; Urt. v. 6. Juli 2000, Rs. C 407/98, (Abrahamson), AP EWG-RL 76/207 Nr. 22; Urt. v. 30. September 2004 – Rs. C-319/03 (Briheche), AP EWG-RL 76/207 Nr. 37. Die Europarechtskonformität wird auch von den Stimmen konstatiert, die jeglicher Quote die Verfassungsmäßigkeit absprechen: vgl. nur *Schubert,*S. 121, 528;

[97] *Adomeit/Mohr,* § 5 Rn 7. Hierauf weist auch *Döring,* S. 182 hin: Zwar wurden verschiedene Quotierungsmodelle diskutiert, aber nicht eingeführt. Aber auch in dem von *Döring,* a.a.O., angeführten Gesetzesentwurf wird die Quote für die Privatwirtschaft vom Gesetzgeber vorgegeben. Dagegen eröffnet § 5 AGG dem privaten Arbeitgeber die Möglichkeit Quoten einzuführen.

[98] *Thüsing,* Rn 390; Rust/Falke-*Raasch,* § 5 Rn 34.

[99] Hinzukommt, dass die Betriebsverfassungsparteien qua Betriebsvereinbarung zur Normsetzung für die gem. § 77 Abs. 4 BetrVG betroffenen Beschäftigten ermächtigt werden. Wie unten S. 28 f. noch dargelegt wird, werden die Betriebsverfassungsparteien positive

grundrechtsrelevanter Normsetzungsbefugnisse auf Private allerdings nur, wenn er in den grundlegenden normativen Bereichen alle wesentlichen Entscheidungen selbst trifft.[100] Die maßgeblichen Bedingungen zur Vornahme positiver Maßnahmen müssten folglich bereits durch den Gesetzgeber geregelt sein.[101] § 5 AGG bindet die Befugnis, bestimmte Ungleichbehandlungen mit positiven Maßnahmen zu rechtfertigen, an eine konkrete Zweckvorgabe: Die Maßnahme muss der Verhinderung oder dem Ausgleich eines (bestehenden) Nachteils zu dienen bestimmt sein.[102] Desweiteren wird über die Formulierung des § 5 AGG, nur „geeignete und angemessene Maßnahmen" als positive Maßnahmen zuzulassen, gewährleistet, dass der Verhältnismäßigkeitsgrundsatz eingehalten wird.[103] Die Delegation ist mithin verfassungskonform.[104]

2. Europarechtskonformität

Auf europarechtlicher Ebene[105] war die Ermächtigung zur Vornahme positiver Maßnahmen ausdrücklich den einzelnen Mitgliedstaaten zugewiesen.[106] Die Art.

Maßnahme in der Regel als Betriebsvereinbarung ausgestalten. Zwar ist streitig, ob die Betriebsvereinbarung Satzung oder rechtsgeschäftliche Vereinbarung zwischen den Betriebsverfassungsparteien ist, Einvernehmen besteht aber darüber, dass sie gegenüber den betroffenen Arbeitnehmern Fremdbestimmungsregel ist und somit Rechtsetzungscharakter aufweist, vgl. hierzu ausführlich Richardi-*Richardi*, § 77 Rn 24 ff.,

100 Dazu, dass der Gesetzesvorbehalt auch für das Arbeitsrecht – insbesondere auch für das noch zu erörternde Recht der Betriebsvereinbarung gilt vgl. ausführlich: *Waltermann*, RdA 2007, 257, 263. Speziell zur Wesentlichkeitstheorie zuletzt: BVerfG Urt. v. 24. Mai 2006 – 2 BvR 669/04 – NVwZ 2006, 807; aber auch schon: Beschl. v. 21.12.1977 – 1 BvL 1/75 – NJW 1978, 807; allgemein zum grundrechtlichen Gesetzesvorbehalt: Jarass/Pieroth-*Jarass*, Art. 20 Rn 29 ff. mwN.
101 *Waltermann*, RdA 2007, 257, 263 f.
102 Die Norm ist verfehlt, soweit sie die Verhinderung bestehender Nachteile ermöglichen will. Gemeint sein kann nur die Verhinderung drohender Nachteile. Vgl. auch *Bauer/Göpfert/Krieger*, § 5 Rn 11.
103 So werden Grundrechtsbeeinträchtigungen der Arbeitnehmer durch Betriebsvereinbarungen vom BAG an einer grundsätzlichen Ermächtigung zur Regelung als Betriebsvereinbarung und am Verhältnismäßigkeitsgrundsatz gemessen, vgl. BAG Urt. v. 19. Januar 1999 – 1 AZR 499/98 – NZA 1999, 546, 548 ; Urt. v. 11. Juli 2000 – 1 AZR 551/99 – NZA 2001, 462, 464.
104 So auch Däubler/Bertzbach-*Hinrichs*, § 5 Rn 17; Rust/Falke-*Raasch*, § 5 Rn 35.
105 Die Europarechtskonformität anzweifelnd: *Thüsing*, Rn 390.
106 Vgl. Art. 5 RL 2000/43/EG; Art. 7 RL 2000/78/EG, Art. 6 RL 2004/113/EG und Art. 2 Abs. 8 RL 76/207/EWG in der Fassung der RL 2002/73/EG.

141 Abs. 4 EG-V sowie Art. 5 der RL 2000/43/EG, Art. 7 Abs. 1 der RL 2000/78/ EG, Art. 2 Abs. 8 der RL 76/207/EWG in der Fassung der RL 2002/73/EG ermöglichen aber eine Delegation der Befugnisse zur Vornahme positiver Maßnahmen jedenfalls dann, wenn der nationale Gesetzgeber in gemeinschaftskonformer Art und Weise die rechtlichen Rahmenbedingungen für die Ausübung einer solchen Befugnis vorgibt.[107] Die Regelung des § 5 AGG ist nicht nur an den Richtlinientexten selbst und dem insoweit maßgeblichen Art. 141 Abs. 4 EG-V orientiert,[108] sondern greift auch die von der Rechtsprechung des Gerichtshofs für Fördermaßahmen statuierte Voraussetzung der Verhältnismäßigkeit[109] auf und überführt sie in die Nationalnorm. Damit wird den von der Maßnahme jeweils nicht Begünstigten Rechnung getragen, so dass die Delegation zur Vornahme positiver Maßnahmen auf private Akteure zwar europarechtlich nicht geboten, aber zulässig ist.[110]

3. Der abstrakte-generelle Rechtscharakter positiver Maßnahmen

Positive Maßnahmen im Sinne des § 5 AGG sind vom Gesetzgeber als Rechtfertigungstatbestände für Ungleichbehandlungen konzipiert[111] und werden daher auch vom Wortlaut der Norm selbst als Rechtfertigungsgründe in Zusammenhang mit den Rechtfertigungstatbeständen der §§ 8-10 AGG gebracht. Dies darf aber nicht darüber hinwegtäuschen, dass zwischen diesen Rechtfertigungstatbeständen und dem § 5 AGG erhebliche strukturelle Unterschiede bestehen. So sollen etwa durch die §§ 8, 9 und 10 S. 1 und S. 2 AGG ungünstige Behandlungen bestimmter (individueller) Merkmalsträger gerechtfertigt werden (können). Dagegen werden über § 5 AGG auch Maßnahmen zu Gunsten bestimmter Merkmalsträgergruppen gerechtfertigt, die, weil ihnen die Ungleichbehandlung der Nichtmerkmalsträger

---

107 Schleusener/Suckow/Voigt-Voigt, § 5 Rn 2.
108 *Schieck,* Europäisches ArbR, S. 258 Rn 76.
109 Zu den einzelnen Voraussetzungen, die der EuGH für die Zulässigkeit von Frauenfördermaßnahmen etabliert hat, siehe noch sogleich unten S. 42 ff.
110 So auch Schieck-*Schieck,* § 5 Rn 11; Däubler/Bertzbach-*Hinrichs,* § 5 Rn 16 mwN; zweifelnd: *Preis,* ZESAR 2007, 249, 251.
111 *Adomeit/Mohr,* § 5 Rn 1.

innewohnt, ihrerseits einer Rechtfertigungsprüfung im Hinblick auf das durch Förderung ungleichbehandelte Individuum unterzogen werden müssen.[112]

Hinzu kommt, dass die Ermächtigung zum Erlass positiver Maßnahmen ihre Grundlage in den oben erwähnten Antidiskriminierungsrichtlinien hat, die diese Befugnis (eigentlich) den Mitgliedstaaten zuweisen.[113] Der nationale Gesetzgeber hätte die diesbzgl. Vorgaben der Richtlinien aber als Gesetze oder Verordnungen erlassen und somit abstrakt-generelle Regelungen schaffen müssen. Die Übertragung dieser Rechtsetzungsbefugnis auf Akteure der Privatwirtschaft kann diesen Inhalt der Ermächtigung – also die Ermächtigung zur abstrakt-generellen Rechtsetzung – nicht so verändern, dass jeder Private bei jeder Einzelmaßnahme kurzfristig einen Förderungszweck etablieren könnte, den er bei der nächsten Einzelmaßnahme dann nicht mehr anwendet. Die auf die Privaten delegierte Befugnis hat sich im Rahmen der europäischen Ermächtigung zu halten: Hieraus folgt, dass (zulässige) positive Maßnahmen abstrakt-generellen Charakter haben müssen.[114]

Damit stellt sich die Frage, welche betriebsverfassungsrechtlichen Handlungsbefugnisse ein zulässiges und geeignetes Instrumentarium zur Vornahme solcher positiven Maßnahmen darstellen und welchen Schranken die Betriebspartner bei ihren Gestaltungsmöglichkeiten unterliegen.

---

112 Der § 10 S. 3 AGG enthält eine Reihe von Regelbeispielen, die jedenfalls teilweise strukurelle Ähnlichkeit mit den positiven Maßnahmen des § 5 AGG aufweisen, vgl. etwa die Nr 1, Nr. 2 und 3, die Fördermaßnahmen zugunsten von Jugendlichen, älteren Beschäftigten und Personen mit Fürsorgepflichten ermöglichen. Dazu dass die Nr. 1 und die Nr. 2 und 3 im Spezialitätsverhältnis zueinander stehen vgl. Däubler/Bertzbach-*Brors*, § 10 Rn 41.
113 Siehe oben S. 22 f.
114 Eine nicht generelle positive Maßnahme wäre überdies unverhältnismäßig. Damit wird auch den Bedenken von *Annuß*, BB 2006, 1626, 1634 Rechnung getragen, der befürchtet, § 5 AGG sehe eine Generalermächtigung zugunsten der einzelnen Rechtsunterworfenen vor. Von einem generellen Charakter (zulässiger) positiver Maßnahmen scheint – unausgesprochen – auch die Kommentarliteratur auszugehen, die als Beispiele für positive Maßnahmen regelmäßig abstrakt-generelle Regelungen wie etwa Förderquoten nennt, vgl. etwa *Bauer/Göpfert/Krieger*, § 5 AGG Rn 7; *Adomeit/Mohr*, § 5 Rn 16 ff.; Schieck-*Schieck*, § 5 Rn 5. Etwas anderes mag für konkrete (Massen-)Kündigungsanlässe gelten (konkret-generell); zu Kündigungen noch unten S. 54 ff.

II. Beteiligungsrechte des Betriebsrats

Dem Betriebsrat stehen aus der Betriebsverfassung abgestufte Mitwirkungs- und Mitbestimmungsrechte zu, die ihm ermöglichen, mit dem Arbeitgeber Vereinbarungen über bestimmte Entscheidungen der Betriebs- und Unternehmensleitung abzuschließen.[115] Diese Vereinbarungen können die Betriebsverfassungsparteien als Betriebsvereinbarung oder auch als sog. Regelungsabrede treffen.[116] Zwar können mit beiden Instrumentarien grundsätzlich abstrakt-generelle Regelungen getroffen werden, die Regelungsabrede hat aber keine normative Wirkung, so dass sie zur normativen Gestaltung an sich schon nicht in Betracht zu ziehen ist.[117] Hinzukommt, dass die Regelungsabrede formlos getroffen werden kann, wohingegen die Betriebsvereinbarung konstitutiv in Schriftform abgefasst wird.[118] Es empfiehlt sich daher im Hinblick auf die abstrakt-generelle Ausrichtung der positiven Maßnahmen solche Regelungen mittels Betriebsvereinbarungen zu treffen.

Nach der Rechtsprechung des BAG haben die Betriebsverfassungsparteien eine umfassende Befugnis, betriebliche und betriebsverfassungsrechtliche Fragen und solche, die Inhalt, Abschluss und Beendigung von Arbeitsverhältnissen betreffen, durch Betriebsvereinbarung zu regeln.[119] Wie oben ausgeführt, ist die Befugnis aber im Bereich der Grundrechtsrelevanz begrenzt durch den Grundsatz vom Gesetzesvorbehalt: Diese umfassende Befugnis entbindet daher nicht von der Suche nach einer einschlägigen Ermächtigungsgrundlage.[120] Darüber hinaus kann eine Betriebsvereinbarung neben möglichen Eingriffen in Arbeitnehmer-Grundrechte, auch grundrechtsgeschützte Positionen des Arbeitgebers tangieren, so dass sie nur über solche Angelegenheiten geschlossen werden kann, für die sich aus dem Be-

---

115 Richardi-*Richardi*, Einleitung Rn 1.
116 Teilweise wird diese auch als Betriebsabsprache bezeichnet, Richardi-*Richardi*, § 77 Rn 224 ff. Ausführlich zur nicht formbedürftigen Regelungsabrede auch *Fitting*, § 77 Rn 216 ff.
117 Richardi-*Richardi*, § 77 Rn 228 f.
118 Richardi-*Richardi* § 77 Rn 37.
119 BAG Urt. v. 19. Januar 1999 – 1 AZR 499/98 – NZA 1999, 546, 548 f. (betriebliche und betriebsverfassungsrechtliche Fragen); Urt. v. 11. Juli 2000 – 1 AZR 551/99 – NZA 2001, 462, 464 (umfassend in sozialen Angelegenheiten); Urt. v. 1. Dezember 1992 – 1 AZR 260/92 – NZA 1993, 711, 713 (materielle Arbeitsbedingungen, soweit sie nicht ungünstiger als arbeitsvertraglich vereinbart); Urt. v. 6. August 1991 – 1 AZR 3 /90 179 – NZA 1992, 177, 179.
120 *Waltermann*, RdA 2007, 257, 263 f.

triebsverfassungsgesetz eine Regelungskompetenz der Betriebspartner ableiten lässt.[121] Die Regelungsbefugnisse der Betriebsverfassungsparteien im Hinblick auf die Einführung positiver Maßnahmen werden somit durch die Art der Beteiligungsrechte des Betriebsrats an den betrieblichen Entscheidungen determiniert sein, wobei nicht alle Beteiligungstatbestände einer Regelung zu wie auch immer gearteten positiven Maßnahmen überhaupt zugänglich sind.[122]

Diese Beteiligungsrechte des Betriebsrats an der Betriebsleitung sind im 4. Teil des BetrVG geregelt. Der Titel unterscheidet nach Mitwirkungs- und Mitbestimmungsrechten; thematisch sind die Befugnisse in Abschnitten nach sozialen, personellen und wirtschaftlichen Gesichtspunkten unterteilt.[123] Positive Maßnahmen zur Förderung bestimmter Merkmalsträger(gruppen) sind ein personelles Instrument mit sozialen Bezügen. Aus diesem Grund scheiden Beteiligungsrechte im Rahmen der wirtschaftlichen Angelegenheiten von vorneherein als Untersuchungsgegenstand aus.[124]

Im Rahmen der sozialen und personellen Angelegenheiten steht dem Betriebsrat eine Vielzahl von Beteiligungsrechten unterschiedlichster Ausprägung zur Verfügung. Einige dieser Beteiligungsrechte sind aufgrund ihrer Beteiligungsform zur Regelung wie auch immer gearteter positiver Maßnahmen untauglich. Hierzu zählen etwa die Unterrichtungsrechte[125] des Betriebsrats, die akzessorisch an an-

---

121 Richardi-*Richardi*, § 77 Rn 64 f.
122 Hierzu sogleich noch unten S. 31 f.
123 Einen Überblick über die einzelnen Abschnitt gibt Richardi-*Richardi*, Vorbem z. 4. Teil Rn 6 ff.
124 Denkbar wäre zwar etwa die Einführung eines „Diversity Management" als die Interessen der Belegschaft wesentlich berührenden sonstigen Vorgang im Sinne des § 106 Abs. 3 Nr. 10 BetrVG qualifizieren zu wollen. *Lex specialis* hierfür wäre aber § 95 BetrVG, vgl. dazu noch sogleich unten, S. 33 ff. In Betracht zu ziehen ist zudem die Einführung positiver Maßnahmen im Rahmen von Auswahlrichtlinien in einem Interessenausgleich oder Sozialplan über geplante Kündigungen. Auch hierbei handelt es sich indes letztlich um personelle Mitbestimmungstatbestände, die bei der Untersuchung des § 95 BetrVG erörtert werden.
125 Teilweise werden diese auch als Informationsrechte bezeichnet und dogmatisch als eigenständige Kategorie neben den Mitwirkungs- und Mitbestimmungsbefugnissen eingeordnet, so: Richardi-*Richardi*, Vorbem z.4. Teil Rn 21, teilweise auch als Unterform der Mitwirkungsrechte geführt, vgl. *Fitting*, § 1 Rn 244. In vorliegenden Zusammenhang ist diese Zuordnung aber unerheblich, da in beiden Fällen diese Rechte keine wie auch immer geartete Beteiligung an positiven Maßnahmen zulassen. Zu diesen Informations- bzw. Unterrichtungsrechte zählen die §§ 80 Abs. 2, 85 Abs. 3, 89 Abs. 2, 90 Abs. 1, 99 Abs. 1 und 105 BetrVG.

dere Beteiligungsformen gekoppelt oder selbständige Rechte sein können,[126] und auch die zur Mitwirkung zählenden Anhörungs[127]-, und Beratungsrechte.[128] Diese Formen der Beteiligung ermöglichen dem Betriebsrat lediglich den Zugang zu Informationen und eine begrenzte Einflussnahme auf den Arbeitgeber, der sich mit Einwendungen des Betriebsrats ggf. auseinandersetzen muss;[129] die Wirksamkeit einer im Zuge dieser flankierenden Form der Beteiligung ergehenden Arbeitgebermaßnahme wird durch eventuelle Einwendungen des Betriebsrats indes nicht berührt.[130]

Für den vorliegenden Untersuchungsgegenstand von Interesse sind daher in erster Linie die die personellen und sozialen Angelegenheiten betreffenden (echten) Mitbestimmungsrechte, die dem Betriebsrat auch ein (ggf. erzwingbares) Initiativrecht gewähren. Die Initiativrechte des Betriebsrats, insbesondere die Beteiligung an den Auswahlrichtlinien, § 95 BetrVG, bilden den Schwerpunkt der nachfolgenden Untersuchung.[131]

Daneben können aber auch die Zustimmungs-[132] sowie die Zustimmungs-verweigerungsrechte[133] Anlass für positive Maßnahmen sein. Schließlich sind auch noch

---

126 Richardi-*Richardi,* Vorbem z. 4. Teil Rn 22 f. (11. Aufl.).
127 § 102 Abs. 1 BetrVG. Bei Einwendungen des Betriebsrats kann dieses reine Anhörungsrecht zu einem Beratungsrecht erstarken, vgl. Richardi-*Richardi,* Vorbem z. 4. Teil Rn 25. Zudem können sich Beratungsrechte auch aus Anregungen oder Anträgen des Betriebsrats aus dem Katalog des § 80 Abs. 1 BetrVG ergeben, vgl. ebenfalls Richardi-*Richardi,* Vorbem z. 4. Teil Rn 26.
128 §§ 90, 92 Abs. 2, 92 a, 96 Abs. 1, 97 Abs. 1 BetrVG.
129 Richardi-*Richardi,* Vorbem z. 4. Teil Rn 25 f. Dennoch werden unten S 58 ff., 70 ff. noch Rechte des Betriebsrats erörtert, die ihm eine so definierte begrenzte Einwirkungsmöglichkeit zum „Sozialen Dialog" über positive Maßnahmen eröffnen.
130 *Fitting,* § 1 Rn 242.
131 Die Initiativrechte des Betriebsrats aus § 95 Abs. 2 BetrVG entstehen zwar erst in Unternehmen mit mehr als 500 Arbeitnehmern. Es ist aber im Bereich der personellen Maßnahmen das stärkste Beteiligungsrecht der Arbeitnehmervertretung und hat damit auch Vorbildcharakter für die nachfolgend untersuchten Beteiligungsrechte.
132 Bei den Zustimmungsrechten kann der Betriebsrat zwar keine Regelungen gegen den Willen des Arbeitgebers erzwingen, aber wenn der Arbeitgeber seinerseits die Initiative ergreift, dann bedarf die initiierte Maßnahme der Zustimmung des Betriebsrats, vgl. Richardi-*Richardi,* Vorbem z. 4. Teil Rn 28. Hierbei ist im Wesentlichen an eine Beteiligung bei der Erstellung von Auswahlrichtlinien, § 95 Abs. 1 BetrVG, Personalfragebögen und allgemeinen Beurteilungsgrundsätzen, § 94 BetrVG, zu denken. Bei diesen Personalmaßnahmen können benachteiligungsrechtliche Gesichtspunkte eine bedeutende Rolle spielen.
133 §§ 99 Abs. 2 und Abs.3, 103 BetrVG: Bei den Zustimmungsverweigerungsrechten sind

die im Rahmen der Mitwirkung bestehenden Vorschlagsrechte des Betriebsrats aus den Regelungskomplexen der allgemeinen personellen Angelegenheiten (§§ 92 Abs. 2 92 a BetrVG) und aus dem Komplex der Berufsbildung (§ 96 Abs. 1 BetrVG) und schließlich die allgemeinen Antragsrechte nach § 80 Abs. 1 BetrVG auf ihre Tauglichkeit zur Initiierung oder einvernehmlichen Einführung positiver Maßnahmen zu untersuchen.

---

positive nicht denkbar, sie bleiben bei der nachfolgenden Untersuchung daher ebenfalls außer Betracht.

III. Erzwingbare positive Maßnahmen beim Berufszugang und der Beendigung von Arbeitsverhältnissen

Nur dort, wo das Betriebsverfassungsgesetz dem Betriebsrat ein über die Einigungsstelle erzwingbares Initiativrecht eröffnet, kann der Betriebsrat von sich aus die Einführung positiver Maßnahmen auch gegen den Willen des Arbeitgebers betreiben.[134] Für den vorliegenden Untersuchungsgegenstand von besonderem Interesse sind die Initiativrechte im Rahmen der personellen Angelegenheiten aus § 95 Abs. 2 BetrVG und bei den sozialen Angelegenheiten gem. § 87 BetrVG.[135] Im Bereich der personellen Angelegenheit stehen im Wesentlichen Berufszugangs- bzw. –beendigungstatbestände in Rede, die strengeren Anforderungen unterliegen als die Berufsausübungsregelungen im sozialen Bereich des § 87 BetrVG und deshalb vorrangig untersucht werden sollen.

1. Auswahlrichtlinien, § 95 Abs. 2 BetrVG

Prädestiniert für die Einführung positiver Maßnahmen auf betriebs-verfassungsrechtlicher Ebene ist das den personellen Angelegenheiten zugehörige Beteiligungsrecht des Betriebsrats gem. § 95 Abs. 2 BetrVG. Dieser „stärkste Beteiligungstatbestand"[136] im Rahmen der Personalplanungsmaßnahmen ermöglicht dem Betriebsrat ab einer Betriebsgröße von mehr als 500 Arbeitnehmern die Erzwingung der Aufstellung von Auswahlrichtlinien bei bestimmten Personalentscheidungen, namentlich der Einstellung, der Versetzung, der Umgruppierung[137] und der Kündigung.[138]

---

134 *Fitting*, § 95 Rn 3; Richardi-*Thüsing*, § 95 Rn 47 f.
135 *Fitting*, § 87 Rn 583 f; § 95 Rn 3.
136 Richardi-*Thüsing*, § 95 Rn 1.
137 Richardi-*Thüsing*, § 95 Rn 8 (mwN) weist zu Recht darauf hin, dass die Umgruppierung – verstanden als Überführung eines Arbeitnehmers in eine andere Lohn- oder Gehaltsgruppe – der Aufstellung selbständiger Auswahlrichtlinien nicht zugänglich sein soll, weil sie – ähnlich wie die von der Norm schon nicht erfasste Eingruppierung – lediglich kommentierende Wirkung in Bezug auf bereits bestehende tarifliche oder betriebliche Lohn- oder Gehaltsgruppen haben kann.
138 Richardi-*Thüsing*, § 95 Rn 1, 8, 11.

Auswahlrichtlinien sollen das personelle Auswahlermessen des Arbeitgebers durch Festlegung von fachlichen und persönlichen Voraussetzungen und sozialen Gesichtspunkten begrenzen, um auf diese Weise Personalentscheidungen zu versachlichen und durchschaubar zu machen.[139] Eine Legaldefinition der Auswahlrichtlinie existiert nicht, aber das BAG hat eine enge Definition geprägt, wonach Auswahlrichtlinien diejenigen Grundsätze sind, die zu berücksichtigen sind, wenn bei beabsichtigten personellen Einzelmaßnahmen, für die mehrere Arbeitnehmer oder Bewerber in Frage kommen, zu entscheiden ist, welchem gegenüber sie vorgenommen werden sollen.[140] Der soeben erwähnte Sinn einer solchen Regelung, Transparenz in Auswahlentscheidungen zu gewährleisten, gebietet es, diese als abstrakt-generelle, mindestens aber konkret-generelle Regelungen auszugestalten.[141]

Auswahlrichtlinien können die Gewichtung von fachlichen, persönlichen und sozialen Gesichtspunkten bei der Auswahl von Beschäftigten zu den erwähnten Personalentscheidungen regeln.[142] Die Merkmale des § 1 AGG sind persönliche und – zumindest teilweise auch soziale – Merkmale: So wurde auch bisher schon etwa das Geschlecht als persönliches Merkmal verstanden,[143] das Alter konnte zugleich als persönlicher und sozialer Gesichtspunkt gewichtet werden, wie auch bei behinderten Menschen Kriterien für die Beurteilung ihrer Einsatzmöglichkeiten aufgestellt werden konnten.[144]

Zur weiteren Untersuchung der diesbzgl. Regelungsbefugnisse des Betriebsrats ist zu differenzieren zwischen Auswahlrichtlinien für Einstellungen und Versetzun-

---

139 *Fitting,* § 95 Rn 2.
140 Vgl. etwa: BAG Beschl. v. 31. Mai 2005 – 1 ABR 22/04 – DB 2005, 2585, 2587; Beschl. v. 26. Juli 2005 – 1 ABR 29/04 – DB 2005, 2530 f.
141 BAG Beschl. v. 26. Juli 2005 – 1 ABR 29/04 – DB 2005, 2530 f. Damit sind die „Auswahlrichtlinien" ein geeignetes Instrumentarium zur Regelung positiver Maßnahmen im Sinne des § 5 AGG. Der zitierten Entscheidung liegt zwar ein Kündigungssachverhalt zugrunde, der sich auf einen konkreten betrieblichen Anlass bezieht. Das Gericht bestätigte aber den generalisierenden Charakter der Auswalrichtlinie, den es bei dem Abbau von 14,4 (Vollzeit-) Stellen bei 200 Arbeitnehmern als gegeben annahm. Für den engen Bereich der Kündigung kann daher auch eine konkret-generelle Regelung im Unternehmerinteresse geboten sein.
142 BAG Beschl. v. 26. Juli 2005 – 1 ABR 29/04 – NZA 2005, 1372 f.; *Fitting,* § 95 Rn 18.
143 *Fitting,* § 95 Rn 22.
144 Letzteres gilt z.B. für Regelungen, die den Schutz älterer oder Schwerbehinderter bezwecken, *Fitting,* § 95 Rn 22.

gen, bei denen persönliche und soziale Auswahlgesichtspunkte eine Rolle spielen, und solchen für Kündigungen, bei denen die sozialen Aspekte in den Vordergrund gerückt sind. Dabei ist stets zu berücksichtigen, dass dem Arbeitgeber eine Auswahlentscheidung belassen sein muss,[145] dieser Ermessensspielraum darf keineswegs so durch die in einer Auswahlrichtlinie geregelten Entscheidungselemente einschränkt werden, dass er im Ergebnis ausgehöhlt würde.[146] Denn die Auswahl selbst bleibt Sache des Arbeitgebers.[147]

a. Positive Maßnahmen bei Einstellungen und Versetzungen

Zu den persönlichen Voraussetzungen, die im Rahmen einer Einstellung oder Versetzung berücksichtigen werden können, zählten schon nach bisheriger Rechtslage das Alter, das Geschlecht und der Gesundheitszustand[148] eines Menschen.[149] Mit Inkrafttreten des AGG sind nunmehr auch die übrigen Merkmale des § 1 AGG (Rasse oder ethnische Herkunft, der Religion oder Weltanschauung und der sexuellen Identität[150]), die alle ebenfalls einen persönlichen Bezug zu dem jeweiligen Merkmalsträger aufweisen, den persönlichen Voraussetzungen im Sinne des § 95 BetrVG zuzuordnen.[151] Grundsätzlich sind sämtliche Merkmale des § 1 AGG damit einer Regelung in Auswahlrichtlinien nach § 95 BetrVG zugänglich.

---

145 BAG Beschl. v. 26. Juli 2005 – 1 ABR 29/04 – DB 2005, 2530, 2531.
146 *Fitting*, § 95 Rn 7.
147 BAG Beschl. v. 26. Juli 2005 – 1 ABR 29/04 – DB 2005, 2530, 2531.
148 Der Gesundheitszustand erfasst auch die Behinderung, vgl. LAG Köln, Beschl. v. 3. Mai 2005 – 9 TaBV 76/04 – NZA-RR 2006, 580 f.
149 Richardi-*Thüsing*, § 95 Rn 24; *Fitting*, § 95 Rn 22. Das Alter und der Gesundheitszustand eines Menschen sind daneben auch bei den sozialen Gesichtspunkten berücksichtigungsfähig, Richardi-*Thüsing*, § 95 Rn 25.
150 Gemeint ist mit diesem Merkmal wohl die sexuelle Ausrichtung, weil die sexuelle Identität richtigerweise schon von dem Merkmal des Geschlechts erfasst ist. Vgl. Rudolph/Mahlmann-*Voggenreiter*, § 8 Rn 27 f. Zum Problem der Abgrenzung ausführlich: *Schieck*, Europäisches ArbR, S. 249 Rn 54.
151 So wohl auch Richardi-*Thüsing*, § 95 Rn 24; *Fitting*, § 95 Rn 22, die zwar ausdrücklich nur auf mögliche Diskriminierungen und die damit verbundene Rechtfertigungsbedürftigkeit von Auswahlrichtlinien hinweisen, die diese neuen Merkmale einbeziehen, die damit aber zur Recht inzident von dem Persönlichkeitsbezug dieser Merkmale ausgehen.

Fraglich ist aber, ob der Betriebsrat die als persönliche Voraussetzungen zu qualifizierenden Merkmale des § 1 AGG auch positiv – also als Fördermaßnahme – in den Auswahlrichtlinien implementieren kann.[152] Nach bisheriger Gesetzeslage umfasste das Mitbestimmungsrecht des § 95 Abs. 2 BetrVG jedenfalls die Förderung schwerbehinderter Menschen.[153] Begründet wurde diese Entscheidung damit, dass dem Betriebsrat ein eigener betriebsverfassungsrechtlicher Auftrag zur Eingliederung Schwerbehinderter und sonstiger schutzbedürftiger Personen aus § 80 Abs. 1 Nr. 4 BetrVG zukam, der ihn auch zur Festlegung wichtiger Grundsätze wie der Förderung schwerbehinderter Menschen befugte.[154]

Hieraus ist zu folgern, dass auch Fördermaßnahmen zugunsten des Geschlechts, des Alters und der ethnischen Herkunft und Rasse von der Regelungsbefugnis des § 95 Abs. 2 BetrVG erfasst sind, weil dem Betriebsrat auch insofern eine Förderauftrag aus § 80 Abs. 1 Nr. 2a, Nr. 6 und Nr. 7 BetrVG zukommt. Fördermaßnahmen, die die Beseitigung (oder die Verhinderung) von Nachteilen bezwecken, sind positive Maßnahmen im Sinne des § 5 AGG und können damit vom Betriebsrat initiiert und – sofern sie verhältnismäßig sind – auch erzwungen werden.

Dies muss dann aber auch für die übrigen in § 1 AGG genannten, im Aufgabenkatalog des § 80 Abs. 1 BetrVG nicht explizit erwähnten Merkmale (Religion und Weltanschauung, sexuelle Identität) gelten. Denn in diesem Fall greift die in § 17 Abs. 1 AGG enthaltene Handlungsaufforderung, durch die die Betriebsverfassungsparteien angehalten werden, die Ziele des § 1 AGG mit den ihnen zur Verfügung stehenden Mitteln und Durchsetzungsverfahren zu verfolgen.[155] Dem entspricht auch der Wille des Gesetzgebers, Personalprozesse unter dem Gesichtspunkt des Benachteiligungsschutzes zu überprüfen und ggf. neu zu definieren.[156]

---

152 Dagegen wohl Richardi-*Thüsing*, § 95 Rn 24, der es grundsätzlich ausschließt, diese Kriterien zu entscheidungsrelevanten Kriterien zu erheben, wenn nicht ein hinreichender Rechtfertigungsgrund besteht. Diesen sieht er dann allerdings nur in den Regelungen der §§ 8 und 10 AGG.
153 LAG Köln Beschl. v. 3. Mai 2005 – 9 TaBV 76/04 – NZA-RR 2006, 580 f.
154 LAG Köln Beschl. v. 3. Mai 2005 – 9 TaBV 76/04 – NZA-RR 2006, 580 f.: Dies gilt selbst dann, wenn für den Betrieb bereits eine Integrationsvereinbarung nach § 83 SGB IX getroffen wurde.
155 Däubler/Bertzbach-*Buschmann*, § 17 Rn 4.
156 BT-Drucks. 16/1780, S. 39.

aa. Art der positiven Maßnahmen, insbesondere Quotenvorgaben zur Einstellung von Merkmalsträgern

Abstrakt lässt sich nicht im voraus klären, welche Personalprozesse zum Gegenstand einer solchen Überprüfung gemacht werden und insbesondere lässt sich nicht absehen, welche personellen Voraussetzungen die Betriebsverfassungsparteien zum Gegenstand von Fördermaßnahmen in ihre Auswahlrichtlinien aufnehmen werden. Es liegt aber nahe, bei Einstellungen über positive Maßnahmen in Form von Quotierungen nachzudenken.

bb. Anforderungen an die Rechtfertigung

Solche Quotenvorgaben sind im Rahmen öffentlich-rechtlicher Regelungen mehrfach vom EuGH auf ihre Richtlinien- und EG-vertragliche Zulässigkeit hin untersucht worden.[157] Da Auswahlrichtlinien, die die Einstellung von Merkmalsträgern an Quoten knüpfen, an § 5 AGG zu messen sein werden, der seinen Ursprung in den Richtlinien hat und daher seinerseits im Lichte der Entscheidungen des Gerichtshofs auszulegen ist, könnten den Entscheidungen zu öffentlich-rechtlichen Quoten auch diejenigen Kriterien entnommen werden, die für die Aufstellung von privat eingeführter Quoten in Auswahlrichtlinien relevant sind[158]:

(1). Das Gleichheitsverständnis des Normgebers

Dazu muss allerdings zunächst geklärt werden, ob dem nationalen Gesetz und den Entscheidungen des Gerichtshofs derselbe Gleichheitsmaßstab zugrundeliegt bzw. zugrundegelegt werden kann. Zweifel könnten sich dabei aus dem nationalen

---

157 EuGH Urt. v. 17. Oktober 1995, Rs. C-450/93 (Kalanke), NZA 1995, 1095 ff. = NJW 1995, 3109 ff., = AP EWG RL 76/207 Nr. 6 = BB 1995, 2481; Urt. v. 11. November 1997, Rs. C 409/95, (Marschall), NZA 1997, 3429 ff. = NJW 1997, 3429 ff. = BB 1997, 2590 = AP EWG RL 76/207 Nr. 14; Urt. v. 28. März 2000, Rs. C 158/97, (Badeck), NZA 2000, 473 ff. = NJW 2000, 549 ff. = EuZW 2000, 474 ff. Urt. v. 19. März 2002, Rs. C-476/99, (Lommers), NZA 2002, 501 ff. = AP EWG-RL 76/207 Nr. 29 = EuZW 2002, 2346 ff; Urt. v. 6. Juli 2000, Rs. C 407/98, (Abrahamson), AP EWG-RL 76/207 Nr. 22; Urt. v. 30. September 2004 – Rs. C-319/03 (Briheche), AP EWG-RL 76/207 Nr. 37.
158 So auch *Nicolai,* § 1 Rn 96.

verfassungsrechtlichen Gleichheitsverständnis ergeben, denn in der (nationalen) verfassungsrechtlichen Diskussion zu Frauenfördermaßnahmen, insbesondere in Form der Quotenregelungen, wird deren verfassungsrechtliche Legitimation in der Literatur teilweise[159] aufgrund eines eher formalen[160] Gleichheitsverständnisses bestritten.

Der Rechtsprechung des EuGH liegt dagegen ein auch materielles Gleichheitsverständnis zugrunde, dass aber zugunsten formaler Gleichheit begrenzt wird, so dass insbesondere im Hinblick auf Quotierungen von Berufszugangsvoraussetzungen sog. „weiche Quoten" zulässig sind, die sich insbesondere dadurch auszeichnen, dass sie mittels Einzelfallbeurteilung auch die Berücksichtigung von Nichtmerkmalsträgern erlauben.[161]

Fraglich ist daher, ob bei der Beurteilung von Maßnahmen nach dem § 5 AGG das verfassungsrechtliche[162] oder das gemeinschaftsrechtliche Gleichheitsverständnis zugrunde zu legen ist. § 5 AGG ist gemeinschaftsrechtlichen Ursprungs: Die Norm dient der Umsetzung von Art. 5 der RL 2000/43/EG, Art. 7 Abs. 1 der RL 2000/78/EG, Art. 2 Abs. 8 der RL 76/207/EWG und Art. 6 der RL 2004/113/EG.[163] Die in der Literatur vorgetragenen verfassungsrechtlichen Bedenken stünden einer Auslegung der Norm im Lichte des Gemeinschaftsrechts nur dann entgegen,

---

159 Vgl. explizit zum Gleichheitsverständnis in jüngerer Zeit etwa: *Schubert,* S. 87 f., *Wiedemann/Thüsing,* NZA 2002, 1234, 1240; *Steding,* S. 292; *Döring,* S. 183 ff. Eine Entscheidung des Bundesverfassungsgerichts zur Frage eines formellen oder materiellen Gleichheitsbegriffs des GG existiert nicht. Das BAG (Urt. v. 21. Januar 2003 – 9 AZR 307/02 – ,NZA 2003, 1036) legt bei der Auslegung von Frauenfördermaßnahmen ein durch Gesichtspunkte der formalen Gleichbehandlung im Einzelfall begrenztes materielles Gleichheitsverständnis zugrunde.
160 Ausführlich zum formalen und materiellen Gleichheitskonzept: *Hansen,* S. 26 ff.
161 Dazu sogleich noch unten. EuGH Urt. v. 17. Oktober 1995, Rs. C-450/93 (Kalanke), NZA 1995, 1095 ff. = NJW 1995, 3109 ff., = AP EWG RL 76/207 Nr. 6 = BB 1995, 2481; Urt. v. 11. November 1997, Rs. C 409/95, (Marschall), NZA 1997, 3429 ff. = NJW 1997, 3429 ff. = BB 1997, 2590 = AP EWG RL 76/207 Nr. 14; Urt. v. 28. März 2000, Rs. C 158/97, (Badeck), NZA 2000, 473 ff. = NJW 2000, 549 ff. = EuZW 2000, 474 ff. Urt. v. 19. März 2002, Rs. C-476/99, (Lommers), NZA 2002, 501 ff. = AP EWG-RL 76/207 Nr. 29 = EuZW 2002, 2346 ff.
162 Nur in dem Fall, dass das verfassungsrechtliche Verständnis für die Auslegung des § 5 AGG imperativ ist, müsste auf den Streit eingegangen werden, ob nach nationalem Recht Quoten zulässig sind oder nicht, wobei im Rahmendes § 5 AGG zusätzlich noch die oben erwähnte Besonderheit besteht, dass die Quote nicht durch staatliche Organe eingeführt wird, sondern durch Beteiligte des Privatrechtsverkehrs.
163 BT-Drucks. 16/1780, S. 34.

wenn durch die Norminterpretation seitens des Gerichtshofs der Wesensgehalt des Grundrechts auf (formale) Gleichbehandlung generell angetastet würde,[164] mithin die (auch) durch die europäische Rechtsprechung entstehende (europäische) Rechtsentwicklung generell unter den erforderlichen Grundrechtsstandard abgesunken ist.[165] Da ein materielles Gleichheitsverständnis, welches durch Gewährleistung formaler Gleichheit im Einzelfall begrenzt wird, den Wesensgehalt des Grundrechts auf Gleichbehandlung nicht generell antastet, ist bei der Auslegung des § 5 AGG ein solcher begrenzter materieller Gleichheitsbegriff zugrunde zu legen, die oben erwähnten verfassungsrechtlichen Bedenken sind insoweit jedenfalls zur Zeit unbeachtlich.

(2). Konkrete Rechtfertigungsvoraussetzungen

Wie oben bereits ausgeführt, wählt § 5 AGG als Legitimationsmaßstab zur Rechtfertigung positiver Maßnahmen einen spezifisch definierten Zweck und den Verhältnismäßigkeitsgrundsatz.[166] Dabei ist zu berücksichtigen, dass die Vorschrift des § 5 AGG im allgemeinen Teil des AGG verortet ist,[167] die von den Betriebsverfassungsparteien ins Auge gefassten Maßnahmen aber ausschließlich arbeitsrechtlicher Natur sein können, die Norm also arbeitsrechtsspezifisch ausgelegt werden muss. Die Ausrichtung der Norm an dem Gleichstellungszweck dient der Verwirklichung materieller Gleichheit, der Bezugspunkt der Verhältnismäßigkeit ist geeignet, diesen zugunsten formaler Gleichheit im Einzelfall zu begrenzen.[168]

Die Frage, in welchem Umfang der formalen Gleichheit Rechnung zu tragen ist, kann der Norm dagegen nicht entnommen werden. Hierzu können indes die Entscheidungen des EuGH, die bislang zu Fragen der Zulässigkeit von Frauenfördermaßnahmen im Rahmen von Art. 2 Abs. 4 der RL 76/207/EWG a.F.[169] und

---

164 BVerfG Beschl. v. 22. Oktober 1986 – 2 BvR 197/83 – (Solange II), NJW 1987, S. 577, 578; Urt. v. 12. Oktober 1993 – 2 BvR 2134/92 und 2 BvR 2159/92 (Maastricht), NJW 1993, 3047.
165 BVerfG Beschl. v. 7. Juni 2000 – 2 BvL 1/97 – (Bananenmarkt), NJW 2000, 3124, 3125.
166 Vgl. oben S. 25 f.
167 Also sowohl für den arbeitsrechtlichen wie auch für den zivilrechtlichen Abschnitt gilt und auch auf öffentlich-rechtliche Dienstverhältnisse Anwendung findet, Vgl. Rudolf/ Mahlmann-*Rudolf*, § 6 Rn 78 f.
168 So wohl auch: Däubler/Bertzbach-*Hinrichs*, § 5 Rn 19, 25 ff.
169 Jetzt: Art. 2 Abs. 8 der RL 76/207/EWG in der Fassung der RL 2002/73/EG. EuGH Urt.

Art. 141 Abs. 4 EG-V [170] ergangen sind, im Hinblick auf ihre Übertragbarkeit auf positive Maßnahmen zugunsten anderer Merkmalsträger (ggf. in geringfügiger Modifikation) fruchtbar gemacht werden. Dabei ist zwar zu berücksichtigen, dass sämtliche Entscheidungen den öffentlichen Dienst der jeweiligen Nationalstaaten betrafen. Die Zulässigkeit staatlicher Fördermaßnahmen – denen spiegelbildlich die Benachteiligung anderer Personen immanent ist – bleibt aber wegen der strengeren Grundrechtsbindung im öffentlich-rechtlichen Bereich an engere Voraussetzungen gebunden als im privaten Sektor.[171] Im Umkehrschluss ist zu folgern, dass Maßnahmen, die den öffentlich-rechtlichen Vorgaben genügen, jedenfalls auch im privaten Arbeitsrecht zulässig sind.[172]

Des Weiteren ist zu beachten, dass sich die RL 76/207/EWG (auch in der Fassung der RL 2002/73/EG), zu der die Rechtsprechung zu den Frauenfördermaßnahmen erging, ebenso wie die Rahmen- und die Antirassismusrichtlinie sowie die neue Richtlinie 2006/54/EG weitgehend an dem Wortlaut des Art. 141 Abs. 4 EG-V a.F. orientiert sind; alle drei Richtlinien sind damit einer entsprechenden Auslegung grundsätzlich zugänglich.[173] Dies spricht dafür, dass diese Rechtsprechung

---

v. 17. Oktober 1995, Rs. C-450/93 (Kalanke), NZA 1995, 1095 ff. = NJW 1995, 3109 ff., = AP EWG RL 76/207 Nr. 6 = BB 1995, 2481; Urt. v. 11. November 1997, Rs. C 409/95, (Marschall), NZA 1997, 3429 ff. = NJW 1997, 3429 ff. = BB 1997, 2590 = AP EWG RL 76/207 Nr. 14; Urt. v. 28. März 2000, Rs. C 158/97, (Badeck), NZA 2000, 473 ff. = NJW 2000, 549 ff. = EuZW 2000, 474 ff. Urt. v. 19. März 2002, Rs. C-476/99, (Lommers), NZA 2002, 501 ff. = AP EWG-RL 76/207 Nr. 29 = EuZW 2002, 2346 ff.

170 Urt. v. 6. Juli 2000, Rs. C 407/98, (Abrahamsson), AP EWG-RL 76/207 Nr. 22; Urt. v. 30. September 2004 – Rs. C-319/03 (Briheche), AP EWG-RL 76/207 Nr. 37. Diese beiden Urteile prüfen die jeweils in Rede stehenden Frauenfördermaßnahmen zunächst ebenfalls an Art. 2 Abs. 4 der RL 76/207/EWG, stellen aber einen Verstoß fest und prüfen die Maßnahme deshalb noch zusätzlich an Art. 141 Abs. 4 a.F.

171 Dabei soll nicht verkannt werden, dass die aus dem öffentlichen Recht bekannte *justitia distributiva* auch im Arbeitsrecht, wenngleich eingeschränkt, Geltung beansprucht, vgl. *Wiedemann*, RdA 2005, 193, 196. Zu berücksichtigen ist auch, dass die europarechtliche Erlaubnis zu staatlichen Fördermaßnahmen Vorrang hat vor einem etwaigen verfassungsrechtlichen Verbot, Rudolf/Mahlmann-*Rudolf,* § 6 Rn 79.

172 Im Ergebnis wohl auch Däubler/Bertzbach-*Hinrichs*, § 5 Rn 25 ff., der die vom EuGH aufgestellten Anforderungen auf positive Maßnahmen des Arbeitsrechts überträgt.

173 So auch Däubler/Bertzbach-*Hinrichs*, § 5 AGG Rn 8; Rudolf/Mahlmann-*Mahlmann*, § 3 Rn 124; a.A. *Wiedemann/Thüsing*, NZA 2002, 1234, 1240 f., die eine Übertragung der Grundsätze jedenfalls auf das Merkmal des Alters nicht vornehmen wollen, mit der Begründung, dies würde der bisherigen Rechtsprechung des BAG nicht entsprechen und es würde – im Gegensatz zur Geschlechterdiskriminierung – in Bezug auf das Alter nicht auf eine völlige Gleichstellung aller Altersgruppen ankommen können. Die Autoren wollen daher positive Maßnahmen im Hinblick auf das Alter einer Verhältnismäßigkeitsprüfung

des EuGH zur Frauenförderung grundsätzlich auch auf die anderen Merkmale des § 1 AGG übertragbar ist.

Fraglich bleibt aber, ob bestimmte Merkmale Modifikationen der Wertungen des Gerichts erfordern. Hierzu ist auf die einzelnen vom Gesetz geforderten Zulässigkeitsvoraussetzungen einzugehen, die im Lichte der Entscheidungen des EuGH auszulegen sind:

(a) Bestehender Nachteil/Unterrepräsentation

Voraussetzung für eine Einstellungsquotierung ist gemäß § 5 AGG das Bestehen eines Nachteils wegen eines in § 1 AGG genannten Grundes, den die Quotierung ausgleichen oder verhindern soll. Wie oben bereits erwähnt, sind die tatbestandlichen Voraussetzungen des § 5 AGG arbeitsrechtsspezifisch auszulegen,[174] so dass als Nachteil solche Umstände in Betracht kommen, die dazu führen, dass Personen aufgrund eines in § 1 AGG genannten Merkmals auf dem Arbeitsmarkt geringere Chancen haben, eingestellt zu werden oder etwa eine höhere Hierarchieebene zu erreichen.[175] Die mit der Förderung statuierte Maßnahme muss also zur Kompensation eines solchen diskriminierenden Nachteils eingesetzt werden,[176] um so über die rein formale Gleichstellung hinaus eine tatsächliche Gleichbehandlung zu erreichen.[177]

Der EuGH hatte zu entscheiden über Frauenfördermaßnahmen in Form von Quotierungen, denen (nationale) Regelungen zugrunde lagen, die eine solche Förderung nur für den Fall vorsahen, dass eine Unterrepräsentation von Frauen auf tatsächlicher Ebene gegeben war.[178] Der EuGH prüfte das Vorliegen einer solchen Unterrepräsentation dann entweder selbst[179] oder er wies dem vorlegenden Ge-

---

unterziehen. Diesen Ansatz verfolgt indes auch der EuGH, erstmals ausdrücklich in seiner Entscheidung vom 19. März 2002, Rs. C-476/99, NZA 2002, 501 = AP EWG-RL 76/207 Nr. 29 = EuZW 2002, 346 (Lommers), so dass sich die Meinungen heute nicht mehr divergierend gegenüberstehen dürften.
174 Siehe oben S. 29 f.
175 Däubler/Berzbach-*Hinrichs,* § 5 Rn 19
176 Schleusener/Suckow/Voigt-*Voigt,* § 5 Rn 13.
177 Däubler/Berzbach-*Hinrichs,* § 5 Rn 19.
178 Siehe oben Fn 169 .
179 EuGH Urt. v. 19. März 2002 – Rs. C-476/99 – NZA 2002, 501 (*Lommers*). Hier konnte das Gericht dies aufgrund der Aktenlage selbst entscheiden. Dabei handelt es sich im Fall Lom-

richt die Prüfung zu, da sich die Unterrepräsentation der zu fördernden Gruppe als nachteilige Arbeitsmarktchance darstellte.[180]

Damit könnte eine solche Unterrepräsentation als Nachteil im Sinne des § 5 AGG zu werten sein. Dagegen spricht indes, dass die reine Unterrepräsentation als solche noch nichts darüber aussagt, dass auch geringere Chancen auf Einstellung bestehen.[181] Deshalb kann die Unterrepräsentation wohl auch lediglich Indiz für das von § 5 AGG geforderte Vorliegen eines Nachteils gewertet werden.[182] Dies bedeutet wiederum, dass die nationale Norm die Möglichkeit eröffnet, neben der Unterrepräsentanz eine Einstellungsförderung aufgrund von Nachteilen aus anderen Gründen vorzunehmen. Zu konstatieren ist allerdings, dass jedenfalls für den Bereich der Einstellung eine Quotenregelung bei fehlender Unterrepräsentanz in der Regel wohl nicht mehr erforderlich ist, so dass die Maßnahme in dem Fall als unverhältnismäßig einzustufen wäre[183]. Im Ergebnis führt das Fehlen einer Unterrepräsentation wohl immer zur Unzulässigkeit der positiven Maßnahme.

Festzuhalten bleibt also, dass Unterrepräsentation im Rahmen von Einstellungsquoten vorliegen muss. Damit ist der Bezugsrahmen zu prüfen, den Betriebsrat und Arbeitgeber wählen müssen und dürfen, um eine für positive Maßnahmen relevante Unterrepräsentanz festzustellen:

Dies ist den vom EuGH entschiedenen Fällen nur für den öffentlich-rechtlichen Rechtsraum zu entnehmen, der sich aber auf das privatrechtliche Arbeitsrecht übertragen lässt. Im Fall *Marschall* hielt der EuGH eine Unterrepräsentation für den Fall gegeben, dass "weniger Frauen als Männer im jeweiligen Beförderungs-

---

mers allerdings nicht um eine Berufszugangs-, sondern um eine Berufsausübungsregelung.
180 So EuGH Urt. v. 11. November 1997 – Rs. C-409/95 – NZA 1997, 3429, 1339 Rn 34 (*Marschall*); Urt. v. 28. März 2000 – Rs. C-158/97 – NZA 2000, 473, 475 (*Badeck*); in den übrigen in Fn 169 genannten Fällen (*Kalanke* und *Abrahamson*) prüft zwar weder der EuGH selbst das Merkmal der Unterrepräsentation, noch wird das vorlegende Gericht dazu angehalten, die Regelungen in beiden Fällen sind aber bereits aus anderen Gründen europarechtswidrig. Der Prüfung der Unterrepräsentation bedurfte es nicht, so dass diese unterstellt werden konnte.
181 Denn mit der Unterrepräsentation als solcher steht nicht fest, dass überhaupt genügend Merkmalsträger die Einstellung begehren.
182 So etwa Däubler/Bertzbach-*Hinrichs*, § 5 AGG Rn 23; ErfK-*Schlachter*, Art. 141 Rn 29 EG-V: Indiz für mittelbare Diskriminierung; ErfK-*Dietrich/Schmidt*, AR. 3 GG Rn 91; Sachsofsky, ZESAR 2004, 208; BAG v. 22. Juni 1993- 1 AZR 590/92 – NZA 1994, 77.
183 Schieck-*Schieck,* § 5 Rn 13.

amt einer Laufbahn beschäftigt sind". [184] In den weiteren vom EuGH entschiedenen Fällen, standen als Bezugsrahmen in Rede: die Lohn-, Vergütungs- oder Besoldungsgruppe einer Laufbahn [185] und „das Landwirtschaftsministerium".[186] Auch die nationale Arbeitsrechtsprechung ließ eine öffentlich-rechtliche Legaldefinition bestehen, wonach Unterrepräsentation dann vorliegt, wenn „...im Geltungsbereich eines Frauenförderplans der Frauenanteil...weniger als die Hälfte beträgt ...".[187]

Hieraus kann zunächst gefolgert werden, dass das Kriterium der Unterrepräsentation seinen Bezug im Tatsächlichen findet. Werden die vorgenannten Fälle der Unterrepräsentation auf den privaten Arbeitsrechtssektor übertragen, bedeutet dies, dass einzelne Hierarchieebenen, Gehalts- und/oder Tarifgruppen ebenso als Bezugsrahmen in Betracht kommen, wie Abteilungen eines Betriebs, der Betrieb als solcher, das Unternehmen oder der Konzern.

Teilweise nimmt die Literatur an, der Bezugsrahmen könne auch die Region, den Wirtschaftszweig oder die Gesamtbevölkerung erfassen.[188] Dem kann in dieser Weite allerdings nicht zugestimmt werden. Denn § 17 Abs. 1 AGG enthält kein allgemeines politisches Mandat des Betriebsrats.[189] Die Norm ist Gestaltungsfaktor im Rahmen bereits bestehender betriebsverfassungsrechtlicher Befugnisse, die die Tätigkeiten des Betriebsrats im Spannungsfeld zwischen grundrechtlich zu schützende Arbeitgeberpositionen und den Individualinteressen der Arbeitnehmerschaft begrenzen.[190] Der Betriebsrat kann positive Maßnahmen folglich nur auf seiner Betriebsebene initiieren und vereinbaren, nicht auf der des Gesamt- oder Konzernbetriebsrats.[191] Hierbei kann er auch nur solche Bezugsrahmen wäh-

---

184 EuGH Urt. v. 11. November 1997 – Rs. C- 409/95 (*Marschall*), NZA 1997, 1337.
185 EuGH Urt. v. 28. März 2000 – Rs. C-158/97 (*Badeck*), NZA 2000, 473.
186 EuGH Urt. v. 19. März 2002 – Rs. C-476/99 (*Lommers*), NZA 2002, 501.
187 BAG Urt. v. 21. Januar 2003 – 9 AZR 307/02 – NZA 2003, 1036, 1037.
188 So auch Däubler/Bertzbach-*Hinrichs,* § 5 Rn 23a.
189 *Fitting,* § 80 Rn 23; *Engels/Trebinger/Löhr-Steinhaus,* DB 2001, 532, 542; Richardi-*Thüsing,* § 80 Rn 24, die ein solches allgemeines politisches Mandat zwar nur für den Förderungsauftrag und das Antragsrecht zur Bekämpfung von Rassismus und Fremdenfeindlichkeit ablehnen und aus diesem Grund einen konkreten Betriebsbezug fordern. § 17 Abs. 1 AGG begründet aber – wie oben bereits dargelegt – keinen eigenständigen Mitbestimmungstatbestand, bedarf also immer einer Anbindung an das Betriebsverfassungsrecht, so auch Däubler/Bertzbach-*Buschmann,* § 17 Rn 8.
190 Hierzu ausführlich jüngst: *Linsenmaier,* RdA 2008, 1, 5 ff.
191 *Linsenmaier,* RdA 2008, 1, 8; die gesetzlichen Zuständigkeiten des Betriebsrats, sowie

len, die in seinen Zuständigkeitsbereich fallen, denn andernfalls hätte er es in der Hand, die Zuständigkeiten der anderen vom Betriebsverfassungsgesetz vorgehaltenen Gremien zu konterkarieren. Werden zur Ermittlung der Unterrepräsentanz im Betrieb oder Unternehmen entsprechende Erhebungen durchgeführt, müssen diese dann datenschutzrechtlich flankiert werden.[192]

Soweit in einem Unternehmen mangels mehrerer Betriebe weder Gesamt- noch Konzernbetriebsräte bestehen, steht es den Betriebsverfassungsparteien indes frei, einen weiteren Bezugsrahmen zu wählen, also auch auf regionale Größen, die Gesamtbevölkerung oder eben einen bestimmten Wirtschaftszweig abzustellen.[193]

(b) Verhältnismäßigkeit

Des Weiteren verlangen sowohl § 5 AGG wie auch der Europäische Gerichtshof[194] die Verhältnismäßigkeit positiver Maßnahmen, rekurrieren also auf die Untermerkmale der objektiven Geeignetheit, der Erforderlichkeit und der Angemessenheit der in Rede stehenden Maßnahmen.[195]

(aa) Geeignetheit

Die Einführung einer Förderquote zur Einstellung bestimmter Merkmalsträger muss folglich zur Herstellung materieller Gleichberechtigung grundsätzlich geeignet sein,[196] es muss eine objektive Wahrscheinlichkeit bestehen, dass dies etwa zur Steigerung eines Frauen- oder Ausländeranteils in bestimmten Positionen führt.[197] Grundsätzlich können Quotenvorgaben dazu beitragen, dass der Anteil bestimmter Merkmalsträgergruppen in Betrieben oder Unternehmen erhöht wird,

---

des Gesamt- und des Konzernbetriebsrates lassen sich auch einvernehmlich nicht abbedingen.
192 Damit wäre auch der Kritik, der Arbeitgeber könne eine tatsächliche Benachteiligung nur schwer und allenfalls mittels Sachverständigengutachten beweisen, der Boden entzogen. Zu dieser Kritik: *Adomeit/Mohr*, § 5 Rn 2.
193 Däubler/Bertzbach-*Hinrichs,* § 5 Rn 23a.
194 Für den Fall der Frauenförderung, vgl. die oben in Fn 169 angegebenen Entscheidungen.
195 Däubler/Bertzbach-*Hinrichs,* § 5 Rn 25.
196 *Bauer/Göpfert/Krieger,* § 5 Rn 13.
197 Schieck-*Schieck,* § 5 Rn 13.

dies wirkt sich zugleich auf eine Erhöhung des Anteils in der Gesamtbevölkerung aus. Es muss allerdings bei jeder Einführung solcher Fördermaßnahmen beachtet werden, dass damit nicht Verhaltensweisen unterstützt werden, die zu einer Verfestigung herkömmlicher Strukturen führen. Denn dies würde zur Ungeeignetheit der Maßnahme führen.[198]

(bb) Erforderlichkeit

Im Rahmen der Erforderlichkeit – definiert als mildestes unter den geeigneten Mitteln – muss allerdings dem Grundsatz formeller Gleichheit Rechnung getragen werden, so dass das angestrebte Förderungsziel nicht auf andere, die bisher strukturell bevorzugten Gruppe weniger benachteiligende Art und Weise erreicht werden darf.[199] Bei Einstellungen wird der nicht geförderten Gruppe im zu fördernden Umfang der Zugang zu Beschäftigung verwehrt, so dass insofern ein strenger Prüfungsmaßstab anzulegen ist.[200] Dem hat der EuGH dadurch Rechnung getragen, dass er für den Berufszugangsbereich nur sog. „weiche" Quoten zuließ, die Öffnungsklauseln enthalten; diese ermöglichen es, im Einzelfall von der generellen Bevorzugungsmaßnahme abzusehen.[201] Dieser Begrenzung unterliegen auch die Normsetzungsbefugnisse der Betriebsverfassungsparteien. Der Betriebsrat kann (zulässigerweise) folglich nur solche Maßnahmen initiieren, die keinen absoluten Vorrang der Quotierung vorsehen, sondern Einzelfallabweichungen zulassen.

Schließlich ist zu Berücksichtigen, dass hergestellte Parität zum Wegfall der Erforderlichkeit führt, so dass nachträglich die Erforderlichkeit einer weichen Quote auch wieder entfallen kann.

---

198 v. *Roetteken*, § 5 Rn 9.
199 So Schleusener/Suckow/Voigt-*Voigt*, § 5 Rn 19.
200 Schieck-*Schieck*, § 5 Rn 13.
201 Teilweise wird dies auch als Frage der Angemessenheit behandelt, vgl. etwa Däubler/Bertzbach-*Hinrichs*, § 5 Rn 29.

(cc) Angemessenheit

Im Rahmen der Angemessenheit ist zu prüfen, ob die Maßnahme insgesamt – also auch unter Zugrundelegung des von § 5 AGG angestrebten Ziels – verhältnismäßig im engeren Sinne ist. Im Rahmen dieser Prüfung wird eine umfassende Abwägung der Rechte aller Beteiligter vorgenommen, die in der hier bearbeiteten Konstellation nicht nur diejenigen der Merkmalsträger und der Nichtbegünstigten beinhalten muss,[202] sondern auch die des Arbeitgebers.[203]

(1.1) Begünstigter Kreis

Dabei ist zunächst von der Vorschrift des § 5 AGG auszugehen, die ausdrücklich Personen begünstigen will, die in der sozialen Realität diskriminiert werden.[204] Deshalb stellt sich die Frage, ob die Einstellungen von geringer qualifizierten Merkmalsträgern gegenüber qualifizierteren Nichtmerkmalsträgern angemessen wäre.[205] Der EuGH hat dies im Fall *Abrahamson* für die Konstellation abgelehnt, dass dem unterrepräsentierten Geschlecht auch bei geringerer Qualifikation automatisch der Vorrang eingeräumt würde.[206] Einen solchen automatischen Vorrang sah das Gericht dann als gegeben an, wenn ein nicht näher bestimmtes Erfordernis eines „Verstoßes gegen die Sachgerechtigkeit" die einzige Einschränkung bei der Qualifikationsbestimmung sei.[207]

Übertragen auf das nationale Recht wäre dem EuGH im Bereich des öffentlichen Dienstes wegen Art. 33 Abs. 2 GG zu folgen.[208] Diese Grundsätze lassen sich jedoch nicht ohne Weiteres auf die private Implementierung von Fördermaßnahmen übertragen,[209] denn die Privatautonomie erlaubt dem (privaten) Arbeitgeber

---

202 Schleusener/Suckow/Voigt-*Voigt*, § 5 Rn 18.
203 *Linsenmaier*, RdA 2008, 1, 5 ff.
204 Schieck-*Schieck*, § 5 Rn 14.
205 EuGH Urt. v. 6. Juli 2000 – Rs. C-407/98 (Abrahamsson), AP EWG-RL 76/207 Nr. 22; Eine solche Einstellung lehnen ab: *Adomeit/Mohr*, § 5 Rn 15 für den Fall, dass die Qualifikation wesentlich geringer ist.
206 EuGH Urt. v. 6. Juli 2000 – Rs. C-407/98 (Abrahamsson), AP EWG-RL 76/207 Nr. 22 Rn 52 f.
207 EuGH Urt. v. 6. Juli 2000 – Rs. C-407/98 (Abrahamsson), AP EWG-RL 76/207 Nr. 22 Rn 52 f.
208 *Steding*, S. 253 ff.
209 So aber wohl *Steding*, S. 274 mit Blick auf die mittelbare Drittwirkung der Grundrechte.

– vorbehaltlich diskriminierender Motive – grundsätzlich eine Arbeitnehmerauswahl allein aufgrund von Sympathien, Antipathien oder anderer Motive. Hinzukommt, dass nicht lediglich persönliche und fachliche Gesichtspunkte Eingang in die Richtlinie finden dürfen, denn Auswahlrichtlinien im Sinne des § 95 Abs. 2 BetrVG sind auch einer Regelungen sozialer Gesichtspunkte zugänglich, so dass einem minderqualifizierten Bewerber u.U. auch aus sozialen Gründen der Vorrang eingeräumt werden kann.

(1.2) Rechte des Unternehmers

Es ist aber im Rahmen der erzwingbaren Mitbestimmung die Unternehmensfreiheit des Arbeitgebers mit in die Abwägung einzubeziehen[210] und die Implementierung von Auswahlrichtlinien im Sinne praktischer Konkordanz zu lösen. Dabei muss etwa berücksichtigt werden, dass der Arbeitgeber in der Regel ein maßgebliches Interesse an der Beschäftigung der qualifiziertesten Bewerber haben wird. Quoten, die Merkmalsträger minderer Qualifikation bevorzugen, sind daher jedenfalls nicht gegen den Willen des Arbeitgebers durchzusetzen.[211] Auch finden etwa die von den § 1 Abs. 3 S. 2 KSchG, § 125 Abs. 1 Nr. 2 InsO geschützten Interessen des Arbeitgebers an einer ausgewogenen Personal- und Altersstruktur im Unternehmen Eingang in die Abwägung.[212]

Hinzukommt, dass erzwingbare Auswahlrichtlinien nach § 95 Abs. 2 BetrVG das Auswahlermessen des Arbeitgebers nicht vollständig beseitigen dürfen.[213] Deshalb sind auch im Bereich des Privatrechts Quoten bei gleicher Qualifikation, die bestimmten Merkmalsträgern bei Einstellungen automatisch den Vorrang einräumen, unzulässig. Denn zur Erfüllung der Quote kann das Ermessen des Arbeitgebers auf Null reduziert sein, sein Auswahlermessen wäre mithin beseitigt.

---

210 Richardi-*Thüsing*, § 95 Rn 25, der zu Recht darauf hinweist, dass eine im Einvernehmen mit dem Arbeitgeber erzielte Vereinbarung größeren Spielraum eröffnet, als den der Einigungsstelle.
211 Und es spricht wenig dafür, dass dies einvernehmlich erfolgen wird.
212 *Nicolai*, § 2 Rn 306.
213 Siehe oben S. 34 und *Fitting*, § 95 Rn 19.

(1.3) Die Nichtbegünstigten

Im Rahmen der Verhältnismäßigkeitsprüfung im engeren Sinne müssen zudem noch die mit den Begünstigungen verbundenen negativen Auswirkungen auf die nicht begünstigten Personen abgewogen werden.[214] Hierzu gehören nicht nur die oben bereits erörtern „Nichtmerkmalsträger", sondern auch die Träger solcher Merkmale, die von der jeweiligen Begünstigung nicht erfasst werden und die damit zwangsläufig ebenfalls von der Förderung in dem zu fördernden Umfang ausgeschlossen sind. Denn sofern eine Hierarchie der Diskriminierungsgründe ermittelt werden könnte, müsste diese mit in die Angemessenheitsprüfung einbezogen werden.

Es wird vertreten, dass § 1 AGG von einer Gleichstufigkeit aller Diskriminierungsmerkmale ausgehe.[215] Dies würde aber bedeuten, dass Fördermaßnahmen zu Gunsten einer Gruppe grundsätzlich nicht möglich wären, § 5 AGG wäre bedeutungslos.[216] Zudem existieren Regelungen im nationalen Recht, die eine Hierarchie bestimmter Benachteiligungsmerkmale nahelegen. Zu denken ist hier etwa an die Vorschrift des § 122 SGB IX, die einen gesetzlichen Vorrang schwerbehinderter Menschen einräumt.[217] Die Norm verpflichtet den Gesetzgeber zwar nicht (immer) zur vorrangigen Einstellung Schwerbehinderter, sie stellt aber ausdrücklich klar, dass die Pflicht zur Beschäftigung schwerbehinderter Menschen auch dann in dem vom SGB IX vorgeschriebenen Umfang erfüllt werden muss, wenn sonstige Gebote dem Arbeitgeber die Beschäftigung anderer Personen aufgeben.[218] Gesetzliche Vorgaben können folglich auf den Rang der Diskriminierungsmerkmale des § 1 AGG Einfluss nehmen.

Dies muss dann aber auch dann gelten, wenn der Gesetzgeber seine Normsetzungsbefugnis delegiert, wobei der Grundsatz vom Vorrang des Gesetzes dann selbstverständlich Beachtung beansprucht, § 122 SGB IX kann daher nicht durch eine Vereinbarung der Betriebsverfassungsparteien außer Kraft gesetzt werden. Die Betriebsverfassungsparteien haben aber im gesetzlich vorgegebenen Rahmen

---

214 Rudolf/Mahlmann-*Armbrüster,* § 7 Rn 161; *Bezani/Richter,* Rn 234.
215 Schleusener/Suckow/Voigt-*Voigt,* § 5 Rn 17.
216 *Wendeling-Schröder/Stein* § 5 Rn 4.
217 Neumann-*Pahlen,* § 122 Rn 2.
218 Neumann-*Pahlen,* § 122 Rn 2.

die Möglichkeit, ein bestimmtes Merkmal als besonders schützenswert einzustufen und für dieses Fördermaßnahmen zu statuieren, sofern eine Abwägung mit den Rechten der anderen Merkmalsträger im Einzelfall möglich bleibt.[219] Dem kann durch eine Öffnungsklausel Rechnung getragen werden.

cc. Zwischenergebnis

Der Betriebsrat kann in Betrieben mit mehr als 500 Arbeitnehmern die Initiative ergreifen, um im Bereich der Einstellungen Quoten zur Förderung bestimmter Minderheiten oder anderer diskriminierter Gruppen einzuführen. Kommt eine Einigung mit dem Arbeitgeber hierüber nicht zustande, kann der Betriebsrat gemäß § 95 Abs. 2 S. 2 BetrVG die Einigungsstelle anrufen, deren Spruch dann die Einigung ersetzt. Die Einführung solcher Fördermaßnahmen wird allerdings nur bei Unterrepräsentation der merkmalstragenden Gruppe in Betracht kommen, wobei die Auswahl des Bezugsrahmens in Betrieben mit Gesamt- und Konzernbetriebsrat durch die Zuständigkeitsregelungen begrenzt wird. Schließlich muss im Einzelfall überprüft werden, ob die zur Einführung anstehenden Auswahlrichtlinien verhältnismäßig sind. Dabei sind dann die Rechte der Geförderten abzuwägen gegen die Interessen des Arbeitgebers und die der Nichtgeförderten. Auch im Bereich des privaten Arbeitsrechts dürften starren Quoten damit regelmäßig unzulässig sein, weil dem Arbeitgeber dadurch der ihm nach § 95 BetrVG zwingend zustehende Ermessensspielraum genommen würde.

b. Positive Maßnahmen bei Beendigungen

Zu untersuchen ist, ob positive Maßnahmen auch als Kündigungsrichtlinien zu betriebsbedingten Kündigungen zulässig sind.[220] Zu denken ist hier etwa an das Herausnehmen bestimmter Gruppen von Merkmalsträgern von Kündigungen oder an deren nachrangiger Berücksichtigung gegenüber Nichtmerkmalsträgern oder Trägern anderer Merkmale. Hierbei darf dem Arbeitgeber die unternehmerische Entscheidung zur betriebsbedingten Kündigung allerdings keinesfalls weiterge-

---
219 *Wendeling-Schröder/Stein* § 5 Rn 4.
220 Bei Verhaltens- oder personenbedingten Kündigungen scheidet eine Auswahl in der Regel aus: Richardi-*Thüsing* § 95 Rn 37 mwN.

hend als durch die Vorgaben des Kündigungsschutzgesetzes erschwert werden.[221] Eine Auseinandersetzung mit der Frage der Zulässigkeit positiver Maßnahmen bei Kündigungsrichtlinien kann freilich unterbleiben, wenn das AGG auf solche Auswahlrichtlinien keine Anwendung fände.

aa. Entlassungsrichtlinien und die Bereichsausnahme des § 2 Abs. 4 AGG

Vorab ist daher zu klären, ob die vom Gesetzgeber in § 2 Abs. 4 AGG statuierte Bereichsausnahme, nach der für Kündigungen ausschließlich die allgemeinen und besonderen Kündigungsbestimmungen gelten sollen, auch Entlassungsrichtlinien im Sinne der §§ 95 BetrVG, 5 AGG erfasst. Denn wenn die Anwendung des AGG auf Kündigungen ausgeschlossen ist, dann könnte damit auch die Regelungsbefugnis der Betriebsverfassungsparteien für positive Maßnahmen im Bereich kündigungsbedingter Entlassungen ausgeschlossen sein. Weil die Richtlinien die Kündigung als Entlassungsbedingung aber ausdrücklich erfassen[222], besteht eine rege Diskussion über die Wirksamkeit des § 2 Abs. 4 AGG, bei der von der Europarechtskonformität der Vorschrift[223] über diverse Ansätze zu einer möglichen europarechtskonformen Auslegung[224] bis hin zur Europarechtswidrigkeit[225] der Bereichsausnahme viele Varianten vertreten werden. Diese Diskussion ist jedoch zu Recht auf die Frage fokussiert, ob diskriminierende Kündigungen neben dem Schutz des KSchG oder – sofern sie wegen §§ 1 Abs. 1, 23 KSchG nicht in den Anwendungsbereich des KSchG fallen – neben den §§ 626, 138, 242 BGB zusätzlich noch über das AGG sanktioniert werden können oder müssen.

Dies ist für die Frage kündigungsrelevanter Auswahlrichtlinien indes unbeachtlich. Denn die Aufstellung von Auswahlrichtlinien gemäß § 95 BetrVG ist zwar unstreitig von § 1 Abs. 2 Nr. 1 lit. a) und Abs. 4 KSchG erfasst und in dem von

---

221 Zu den bestehenden Schwierigkeiten betriebsbedingter Kündigungen: *Bayreuther*, NZA 2006, 417 ff.
222 Art. 3 Abs 1 lit c) der RL 76/207/EWG in der Fassung der RL 2002/73/EG, Art. 3 Abs. 1 lit. c) der RL 2000/43/EG und Art. 3 Abs. 1 lit c) der RL 2000/78/EG.
223 *Willemsen/Schweibert*, NJW 2006, 2583, 2584 f.; *Nicolai*, AGG, S. 194.
224 Vgl. nur *Bayreuther*, DB 2006, S. 1842, 1846 f.; *Adomeit/Mohr*, § 2 Rn 216; *Bauer/Göpfert/Krieger*, § 2 Rn 60 mwN.
225 *Sagan*, NZA 2006, S. 1257; 1258; *Schleusener*, § 2 Rn 23; Däubler/Bertzbach-*Däubler*, § 2 Rn 263; Rudolf/Mahlmann-*Voggenreiter*, Rn 165; zweifelnd: *Thüsing*, Rn 113; ArbG Osnabrück v. 5.2.2007 – 3 Ca 677/06 – DB 07, 1200; - 3 Ca 724/06 – NZA 07, 626.

dieser Vorschrift gegebenen Rahmen auch beachtlich.[226] Die inhaltliche Ausgestaltung der Richtlinien selbst ist aber keine Kündigung und fällt mithin schon dem Wortlaut nach nicht in die Bereichsausnahme des § 2 Abs. 4 AGG. Darüber hinaus wird auch die gesetzgeberische Intention nicht konterkariert, die mit der Regelung des § 2 Abs. 4 AGG das Verhältnis zwischen AGG und Kündigungsschutzgesetz präzisieren wollte,[227] um damit letztlich einen doppelten Kündigungsschutz zu vermeiden.[228] Denn der Verstoß gegen die Auswahlrichtlinie bei richtlinienwidriger Kündigung wird ausschließlich über das KSchG „sanktioniert" und gerade nicht über das AGG.[229]

bb. Eingeschränkte Privilegierung bei Kündigungsrichtlinien

Fraglich ist allerdings, ob und wenn ja, in welcher Form es zulässig ist, die oben beschriebenen positiven Maßnahmen[230] in Auswahlrichtlinien aufzunehmen, die für Kündigungen gelten. Hauptanwendungsbereich solcher Richtlinien sind betriebsbedingte Kündigungen, bei denen auf die Auswahl der zu kündigenden Arbeitnehmer Einfluss genommen werden könnte.[231] Diese Auswahl ist nach den insoweit maßgeblichen und zwingenden Vorgaben des KSchG eine Sozialauswahl,[232] die Richtlinien können im mitbestimmungsrechtlichen Bereich folglich lediglich soziale Gesichtspunkte regeln.[233]

---

226 Küttner-*Eisemann*, 258 Rn 42: Überprüfung der Sozialauswahl nur auf grobe Fehlerhaftigkeit; Widerspruchstatbestand bei Verstoß gegen die Auswahlrichtlinie, ErfK-*Oetker*, § 1 Rn 378.
227 BT-Drucks. 16/2022.
228 *Bauer/Göpfert/Krieger*, § 2 AGG Rn 57.
229 Der Streit um die Bereichsausnahme des § 2 Abs. 4 AGG muss folglich nicht entschieden werden, wenngleich viel dafür spricht, die Vorschrift als Beweislastregelung zu verstehen. Vgl. dazu ausführlich: *Bayreuther*, DB 2006, S. 1842, 1846 f.
230 Förderung durch nachrangige Berücksichtigung bestimmter Gruppen von Merkmalsträgern bei betriebsbedingten Kündigungen.
231 *Fitting*, § 95 Rn 24 weist zwar zu Recht darauf hin, dass für verhaltens- und personenbedingte Kündigungen grundsätzlich auch Richtlinienregelungen denkbar sind; die von ihm gebildeten Beispielsfälle sind indes nicht „auswahlrelevant" im Sinne bestimmter Merkmale, sondern betreffen lediglich die Ausgestaltung von Verfahrensvorschriften. Eine Auswahl zwischen mehreren Arbeitnehmern ist nur bei betriebsbedingten Kündigungen möglich. So auch Richardi-*Thüsing*, § 95 Rn 37 mwN.
232 Richardi-*Thüsing*, § 95 Rn 38.
233 In der Regel wird es sich dabei um die Gewichtung der in § 1 Abs. 3 S. 1 KSchG aufgeführten sozialen Gesichtspunkte handeln, *Fitting*, § 95 Rn 29. Weitere Kriterien sind zwar – in engen Grenzen, vgl. dazu ausführlich *Annuß*, S. 192 ff. – berücksichtigungsfähig, es muss

(1) Keine Quotierungsmöglichkeit

Die Herausnahme bestimmter Gruppen von Merkmalsträgern dahingehend, dass sie von vorneherein nicht mit in die kündigungsschutzrechtlich zwingend vorgesehene Sozialauswahl einbezogen und somit von einer Kündigung ausgeschlossen werden, ist unzulässig.[234] Quotierungen sind mithin im Bereich von Kündigung ausgeschlossen. Dies gilt auch für die sog. „weichen" Quoten, die eine Öffnungsklausel vorhalten. Denn im Rahmen von Kündigungen wäre zunächst immer noch eine bestimmte Merkmalsgruppe aus der Sozialauswahl herauszunehmen. Die Öffnungsklausel gilt immer nur im Einzelfall – etwa bei einer besonderen Härte. Dies führt dann dazu, dass ein nicht zur Merkmalsgruppe gehöriger Arbeitnehmer im Rahmen der Sozialauswahl bevorzugt berücksichtigt wird, dieser eine Härtefall würde sich also im Einzelfall gegenüber allen Merkmalsträgern auswirken. Im Ergebnis bliebe es dabei, dass eine bestimmte Gruppe von vorneherein nicht in die Sozialauswahl einbezogen wäre.

(2) Begrenzung der Merkmale

Möglicher Regelungsgegenstand einer Auswahlrichtlinie kann folglich nur noch die nachrangige Berücksichtigung von Merkmalsträgern sein. Der vornehmliche Regelungszweck des § 5 AGG ist die Beseitigung bzw. Verhinderung von Nachteilen zur Ermöglichung materieller Gleichstellung durch Chancengleichheit[235] – nur so lässt sich die Bevorzugung bestimmter Merkmalsträger zu Lasten anderer Merkmalsträger oder Nichtmerkmalsträger rechtfertigen. Bei der betriebsbedingten Kündigung fallen aufgrund einer bestimmten unternehmerischen Entscheidung Arbeitsplätze weg; die noch verbleibenden Arbeitsplätze gilt es sachgerecht zu verteilen.[236] Die Merkmale, die der Unternehmer bei der Verteilung der übrigbleibenden Arbeitsplätze zu beachten hat, sind in § 1 Abs. 3 KSchG geregelt und vom Arbeitgeber zwingend zu berücksichtigen.[237]

---

sich aber gleichwohl um Sozialkriterien handeln, vgl. Richardi-*Thüsing*, § 95 Rn 40a.
234 BAG Urt. v. 5. Dezember 2002 – 2 AZR 697/01 – NZA 2003, 849; *Weller*, RdA 1986, 222, 226.
235 Siehe hierzu schon oben S. 42 f.
236 ErfK-*Oetker*, § 1 KSchG Rn 211 ff.
237 ErfK-*Oetker*, § 1 KSchG Rn 301.

Fördermaßnahmen in Auswahlrichtlinien müssten daher in diesem Spannungsverhältnis zwischen der Ermöglichung von Chancengleichheit und den Sozialauswahlkriterien angesiedelt werden. Problematisch ist zum einen, dass die Chancengleichheit auf dem Arbeitsmarkt gerade nicht in die Sozialauswahl mit einzubeziehen ist.[238] Zum anderen sieht das Gesetz weitere positive oder negative Kriterien nicht vor.[239] Überdies bleiben persönliche Nachteile auch im Rahmen der Sozialauswahl grundsätzlich unbeachtlich.[240] Dies bedeutet, dass sich Fördermaßnahmen nur in dem von § 1 Abs. 3 KSchG vorgegebenen Rahmen bewegen können, mithin alle Merkmale des § 1 AGG von einer Regelung ausgeschlossen sind, soweit sie nicht in § 1 Abs. 3 KSchG Eingang gefunden haben.

(3) Gewichtung der Sozialkriterien

Erzwingbar ist die Einführung von Auswahlrichtlinien daher allenfalls zur Regelung der Gewichtung der in § 1 Abs. 3 KSchG aufgeführten Merkmale des Alters und der Schwerbehinderung zulässig, wobei aber auch die anderen beiden sozialen Grunddaten – die Betriebszugehörigkeit und die Unterhaltsverpflichtungen – in ausgewogenem Maße mit zu berücksichtigen sind,[241] dem Alter als Merkmal des § 1 AGG darf damit kein absoluter Vorrang eingeräumt werden.[242]

cc. Sozialpläne

Positive Maßnahmen können auch Eingang in Sozialpläne finden, wobei dann aber ebenfalls nur die o.g. Sozialkriterien berücksichtigen werden können. Allerdings sind nach Alter und Betriebszugehörigkeit gestaffelte Abfindungen nicht vom Zweck des § 5 AGG gedeckt, weil sie nicht der Chancenerhöhung auf dem Arbeitsmarkt dienen, sondern persönliche Nachteile ausgleichen wollen.[243]

---

238   *Annuß*, S. 197 mwN.
239   ErfK-*Oetker*, § 1 KSchG Rn 335.
240   *Annuß*, S. 195 f.
241   Richardi-*Thüsing* § 95 Rn 38, 40, 66; R/G/K/U-*Rolfs*, § 1 KSchG Rn 498 ff., insbes Rn 500 f., 489 ff.
242   So auch Däubler/Bertzbach-*Hinrichs,* § 5 Rn 59.
243   Däubler/Bertzbach-*Hinrichs,* § 5 Rn 60.

2. Zusammenfassendes Ergebnis

Bei einer Betriebsgröße von mehr als 500 Arbeitnehmern kann der Betriebsrat die Initiative zu positiven Maßnahmen im Rahmen von Einstellungen ergreifen und – sofern eine Einigung hierüber mit dem Arbeitgeber nicht zustande kommt – eine Regelung im Rahmen der Einigungsstelle erzwingen. Hierbei können auch (weiche) Quotierungen Eingang in eine Vereinbarung finden, sofern die jeweilige Maßnahme dem Arbeitgeber noch ein Auswahlermessen ermöglicht. Zulässig sind positive Maßnahmen überdies nur bei Unterrepräsentation der zu fördernden Merkmalsträger. Der Bezugsrahmen für die Ermittlung einer Unterrepräsentanz wird durch die betriebsverfassungsrechtlichen Zuständigkeiten begrenzt. Jede Fördermaßnahme ist auch auf ihre Verhältnismäßigkeit im engeren Sinne zu überprüfen.

Bei Entlassungen ist eine Regelung nur eingeschränkt bei der Gewichtung der Sozialkriterien des § 1 Abs. 3 KSchG möglich. Gleiches gilt für Auswahlrichtlinien in Sozialplänen.

IV. Weitere Möglichkeiten zu Regelungen im Sinne des § 5 AGG

Nachdem nunmehr die besonders strengen Anforderungen unterliegenden Initiativrechte des Betriebsrats zur Erzwingung von Berufszugangs- und Beendigungsregelungen behandelt wurden, wendet sich die Arbeit weiteren Maßnahmen der Personalplanung, der sozialen Angelegenheiten und der allgemeinen Aufgaben des Betriebsrats zu und untersucht diese auf mögliche Regulierungen durch positive Maßnahmen.

1. Maßnahmen der Personalplanung

Personalplanungsmaßnahmen weisen eine besondere Eignung zur Regelung positiver Fördermaßnahmen auf, weil mit ihnen unmittelbar auf die Zusammensetzung der Belegschaft eingewirkt werden kann. Allerdings unterliegt die Personalpolitik, insbesondere die Zusammensetzung der Belegschaft und die Frage, mit welchen Arbeitnehmern der Arbeitgeber seine arbeitstechnischen Zwecke verfolgen will, grundsätzlich der unternehmerischen Freiheit des Arbeitgebers;[244] diese wird im Falle des § 95 BetrVG beschränkt, um die Personalführung in Betrieben durchschaubarer zu machen.[245] Mit Ausnahme der oben erörterten erzwingbaren Personalmaßnahmen, sind Fördermaßnahmen für den Betriebsrat daher nur im Wege freiwilliger Betriebsvereinbarungen zu erreichen, insbesondere hat der Arbeitgeber die Entscheidung darüber, ob er überhaupt Auswahlrichtlinien einführen will, selbst in der Hand.[246]

a. Auswahlrichtlinien nach § 95 Abs. 1 BetrVG

Dementsprechend kommt dem Betriebsrat im Rahmen des § 95 Abs. 1 BetrVG lediglich ein Zustimmungsverweigerungsrecht zu,[247] er kann folglich der Einfüh-

---

244 Richardi-*Thüsing*, § 95 Rn 3 f.
245 *Fitting*, § 95 Rn 2.
246 Richardi-*Thüsing*, § 95 Rn 44-46.
247 Richardi-*Thüsing*, § 95 Rn 44.

rung bestimmter Auswahlrichtlinien widersprechen, weil er die Ansicht vertritt, die in ihnen geregelten Kriterien sollten bei der Personalauswahl keine Bedeutung haben.[248] Im Einvernehmen mit dem Arbeitgeber können aber nach den oben erarbeiteten Maßgaben Fördermaßnahmen zur Einstellung und Versetzung vereinbart werden.

Bei Kündigungen können auch im Einvernehmen mit dem Arbeitgeber auf der Basis des § 95 Abs. 1 BetrVG nur die oben erörterten Sozialkriterien Eingang in eine Regelung positiver Maßnahmen finden.[249] Denn auch im Rahmen einvernehmlich gestalteter Auswahlrichtlinien im Sinne des § 95 Abs. 1 BetrVG ist deren Wirkung im Kündigungsschutzprozess gem. § 1 Abs. 2 S. 2 Nr. 1 lit a), Abs. 4 KSchG zwingend zu berücksichtigen.[250]

b. Allgemeine personelle Angelegenheiten

§ 92 Abs. 2 BetrVG erlaubt dem Betriebsrat, dem Arbeitgeber Vorschläge für die Einführung einer Personalplanung und ihre Durchführung zu machen.[251] Der gesetzlich nicht definierte Begriff der Personalplanung erfasst jede Planung des Personalbedarfs, sei es in gegenwärtiger oder zukünftiger Hinsicht oder sei es in Bezug auf quantitative und qualitative Gesichtspunkte. Immer muss es aber um die Deckung des abstrakten Einsatzes der personellen Kapazitäten gehen.[252] In dessen Rahmen kann im Sinne eines sozialen Dialogs zunächst analysiert werden, welche Hindernisse bislang bestanden haben, um bestimmte Merkmalsträgergruppen bei Einstellung oder Beförderung angemessen zu berücksichtigen;[253] diese können dann ggf. als Betriebsvereinbarung umgesetzt werden. Damit sind abstrakt-generelle Fördermaßnahmen grundsätzlich im Rahmen der Planung des Personalbedarfs, der Personalbeschaffung, der Personalentwicklung sowie des Personaleinsatzes oder –abbaus als Gestaltungselemente betrieblicher Personalpolitik,[254] möglich.

---
248 Richardi-*Thüsing*, §95 Rn 46.
249 Siehe oben S. 54 ff.
250 ErfK-*Oetker*, § 1 KSchG Rn 301.
251 Richardi-*Thüsing*, § 92 Rn 2.
252 BAG Beschl. v. 6. November 1990 – 1 ABR 60/89 – AP Nr. 3 zu § 92 BetrVG; *Fitting*, § 92 Rn 9.
253 *Busch*, S. 70.
254 *Fitting*, § 92 Rn 9.

So ist auch in diesem Zusammenhang etwa bei der Personalbeschaffungs- oder Personalentwicklungsplanung an die Einführung von Einstellungs- oder Beförderungsquoten für bestimmte Minderheiten zu denken, die dann aber ebenfalls nach den oben erarbeiteten Gesichtspunkten gerechtfertigt sein müssen. Im Übrigen bietet der Bereich der Personalplanung Möglichkeiten für Unternehmen das sog. Diversity Management einzuführen, um so nicht nur den Anforderungen des AGG gerecht zu werden, sondern gleichzeitig auch Nutzen bzw. Effizienzgewinne aus einer Belegschaftsvielfalt zu ziehen.[255]

Für Qualifizierungsmaßnahmen im Bereich der Geschlechtergleichheit weist § 92 Abs. 3 BetrVG den Betriebsverfassungsparteien sogar eine „besondere Verantwortung"[256] zu, die dem Betriebsrat ausdrücklich auch die Befugnis einräumt, dem Arbeitgeber Maßnahmen zur Förderung der Gleichstellung vorzuschlagen und somit auf materielle Gleichberechtigung hinzuwirken. Dies bedeutet aber nicht, dass im Umkehrschluss Vorschlagsrechte hinsichtlich der übrigen Merkmale des § 1 AGG ausgeschlossen würden; die Vorschrift ist deklaratorischer Natur und dient der besonderen Bedeutung, die der Gesetzgeber der Frauenförderung beimisst.[257] Sämtliche Vorschläge im Rahmen des § 92 BetrVG kann der Betriebsrat indes nicht gegen den Willen des Arbeitgebers durchsetzen, er muss sich insoweit auf eine argumentative Beeinflussung des Arbeitgebers beschränken und Regelungen im Wege der freiwilligen Betriebsvereinbarung anstreben.[258]

c. Ausschreibungen von Arbeitsplätzen, §§ 93 BetrVG, 11 AGG

Die Ausschreibung von Arbeitsplätzen ist Teil der Personalbeschaffungsplanung.[259] Für diesen Teilbereich hat der Betriebsrat ein echtes Initiativrecht,[260] er kann also den Arbeitgeber zur Ausschreibung verpflichten[261] und bei einem Verstoß gegen die Ausschreibungspflicht die Zustimmung zu einer personellen Einzelmaßnahme gemäß § 99 Abs. 2 Nr. 5 BetrVG verweigern.

255 Vgl. hierzu auch *Stuber/Wittig*, S. 65 ff.
256 *Fitting*, § 92 Rn 39.
257 Richardi-*Thüsing*, § 92 Rn 51.
258 *Fitting*, § 92 Rn 36, 44: Dementsprechend wird die Einigungsstelle auch nur nach Maßgabe des § 76 Abs. 6 BetrVG tätig.
259 *Fitting*, § 93 Rn 4.
260 *Fitting*, § 93 Rn 4.
261 Tut er dies nicht, entsteht auch keine Ausschreibungspflicht.

Fraglich ist aber, ob der Betriebsrat über die Vorschlagsrechte hinaus, die ihm nach dem soeben erörterten § 92 Abs. 2 BetrVG zustehen, auf den Inhalt der Ausschreibung Einfluss nehmen kann. Dies erscheint zweifelhaft, weil die Vorschlagsrechte dann zu erzwingbaren Mitbestimmungsrechten würden. Allerdings muss dem Betriebsrat die Möglichkeit eröffnet werden, dergestalt Einfluss auf die Ausschreibung zu nehmen, dass die von ihm initiierten oder mitgestalteten Auswahlrichtlinien gemäß § 95 Abs. 1 und Abs. 2 BetrVG nicht durch eine anders lautende Ausschreibung konterkariert werden.[262] Umgekehrt bedeutet dies aber auch, dass eine inhaltliche Vorgabe des Betriebsrats im Hinblick auf persönliche Merkmale nur dort möglich ist, wo Auswahlrichtlinien bestehen, denn andernfalls könnten auch die Erfordernisse des § 95 Abs. 1 und Abs. 2 BetrVG durch Einflussnahme auf die Ausschreibung umgangen werden.

Etwas anderes ergibt sich auch nicht aus § 11 AGG. Diese Vorschrift bestimmt zwar, dass der Arbeitgeber den Arbeitsplatz nicht unter Verstoß gegen das Benachteiligungsverbot des § 7 Abs. 1 AGG ausschreiben darf.[263] Sie gibt aber keine Auskunft darüber, welche Rechtsfolgen eintreten, wenn ihr nicht entsprochen wird[264] und enthält auch kein Mitbestimmungsrecht am Inhalt der Ausschreibung.[265] Denn auch dies würde die grundrechtlich bereits abgewogenen Bestimmungen der § 95 Abs. 1 und Abs. 2 BetrVG konterkarieren, könnte der Betriebsrat über den Umweg des § 11 AGG die unternehmerische Entscheidungsfreiheit in weiterem Maße beschränken, als dies vom Gesetzgeber auch im Rahmen des AGG vorgesehen ist, welches insoweit auf die Geltendmachung von Sekundäransprüchen durch die Betroffenen verweist.[266] Gegen eine benachteiligende Ausschreibung kann der Betriebsrat daher nur mit § 17 Abs. 2 AGG, § 23 BetrVG vorgehen und für die Zukunft eine benachteiligungsfreie Ausschreibung auf diesem Wege sicherstellen.[267]

---

262 So auch *Fitting*, § 93 Rn 6.
263 *Bauer/Göpfert/Krieger*, § 11 Rn 1.
264 Schleusener/Suckow/Voigt-*Suckow*, § 11 Rn 39.
265 Schleusener/Suckow/Voigt-*Suckow*, § 11 Rn 51, der dem Betriebsrat auch kein Zustimmungsverweigerungsrecht bei diskriminierender Ausschreibung zugestehen will. Es gibt aber eine beachtliche Meinung in der Literatur, die dem Betriebsrat ein Zustimmungsverweigerungsrecht gem. § 99 As. 2 Nr. 5 BetrVG einräumt, wenn der Arbeitgeber diskriminierend ausschreibt. Vgl. hierzu Fn 57 bei Schleusener/Suckow/Voigt-*Suckow*, § 11 Rn 50.
266 Mit ähnlicher Argumentation auch Schleusener/Suckow/Voigt-*Suckow*, § 11 Rn 51.
267 So auch Schleusener/Suckow/Voigt-*Schleusener*, § 17 Rn 4. Siehe zu den Rechten aus § 17 Abs. 2 AGG ausführlich unten S. 74 ff.

d. Maßnahmen der Berufsbildung

Ein weiterer Bereich der Personalmaßnahmen, der einer Regelung durch positive Maßnahmen zugänglich sein könnte, ist der in den §§ 96 ff. BetrVG geregelte Berufsbildungskomplex. Das BetrVG enthält keine Bestimmung des Begriffs der Berufsbildung. Unter Einbeziehung der Legaldefinitionen des § 1 Abs. 1 BBiG[268] werden hierunter aber Maßnahmen verstanden, die in systematischer, lehrplanartiger Weise Kenntnisse und Fähigkeiten vermitteln, durch welche die Arbeitnehmer zu ihrer beruflichen Tätigkeit befähigt oder fortgebildet werden.[269] Im Zuge immer rasanterer Entwicklungen etwa im IT-Bereich, verbunden mit einer zunehmenden Globalisierung der Märkte und der damit einhergehenden Internationalisierung der Geschäftstätigkeit, kommt der beruflichen (Fort-) Bildung für die Sicherung zukunftsträchtiger Arbeitsplätze überragende Relevanz zu.[270] Die Ermöglichung bestimmter Bildungsangebote und ihre Verteilung auf die Arbeitnehmer hat Bedeutung für das soziale Schicksal des Arbeitnehmers und seinen beruflichen Werdegang: Denn solche Berufsbildungsmaßnahmen können für den Erhalt eines Arbeitsplatzes oder den beruflichen Aufstieg maßgebend sein.[271] Insofern ist eine Regelung, die bestimmte Merkmalsträger bei Bildungsmaßnahmen etwa durch vorrangige Berücksichtigung begünstigt, als positive Maßnahme im Sinne des § 5 AGG denkbar, sofern ein Auswahlermessen unter mehreren zur Berufsbildung geeigneten zur Verfügung stehenden Arbeitnehmern besteht.

Fraglich ist aber, ob sich solche Maßnahmen mit dem (vom Arbeitgeber verfolgten) Regelungszweck der Berufsbildung vereinbaren lassen und ob die Beteiligungsrechte des Betriebsrats so ausgestaltet sind, dass sie (ggf. freiwillige) Vereinbarungen zu positiven Maßnahmen zulassen. Während die in §§ 96, 97 Abs. 1 BetrVG geregelten Beteiligungstatbestände im Vorfeld von Bildungsmaßnahmen angesiedelt sind,[272] und daher im Rahmen der Personalplanung des § 92 Be-

---

268 Vgl. etwa BAG Beschl. V. 23. April 1991 – 1 ABR 49/90 – AP Nr. 3 zu § 97 BetrVG 1972, Nr. 7 zu § 98 BetrVG 1972.
269 St. Rechtsprechung, vgl. nur: BAG Beschl. v. 28. Januar 1992 – 1 ABR 41/91 – AP Nr. 1 zu § 96 BetrVG 1972, Beschl. v. 24. August 2004 – 1 ABR 28/03 – AP Nr. 12 zu § 98 BetrVG 1972; Richardi-*Thüsing*, § 96 Rn 8; *Fitting*, § 96 Rn 9 jeweils mwN.
270 Richardi-*Thüsing*, § 96 Rn 1; *Fitting*, § 96 Rn 5.
271 BAG Beschl. v. 5. November 1985 – 1 ABR 49/83 – AP Nr. 2 zu § 98 BetrVG 1972; *Fitting*, § 96 Rn 5.
272 Es handelt sich um grundsätzliche Förderpflichten der Betriebsparteien, § 96 Abs. 1 S.

trVG[273] auch einer Gestaltung mittels positiver Maßnahmen zugänglich sind, steht dem Betriebsrat insoweit ein Mitbestimmungsrecht im engeren Sinne nicht zu. Im Bereich der Personalentwicklungsplanung können aber positive Maßnahmen zur Qualifizierung bestimmter Merkmalsträger vereinbart werden, soweit die Förderung im Einzelfall verhältnismäßig ist.

aa. Keine erzwingbaren Regelungen nach § 97 Abs. 2 BetrVG

Etwas anderes gilt jedoch im Bereich der erzwingbaren Einführung von Bildungsmaßnahmen nach Maßgabe des § 97 Abs. 2 BetrVG. Danach kann der Betriebsrat bei bestimmten tätigkeitsändernden Maßnahmen des Arbeitgebers die Einführung betrieblicher Bildungsmaßnahmen erzwingen, sofern die Durchführung der Maßnahme für die Arbeitsvertragsparteien zumutbar ist.[274] Hintergrund dieses erzwingbaren Mitbestimmungsrechts ist ein dem Arbeitgeber durch die Tätigkeitsänderung zurechenbares Qualifizierungsdefizit derjenigen Arbeitnehmer, die von der Änderung betroffen sind: Der Betriebsrat soll präventiv der Gefahr des Arbeitsplatzverlustes der betroffenen Arbeitnehmer entgegenwirken können.[275] Dieser Mitbestimmungszweck begrenzt aber auch das Beteiligungsrecht des Betriebsrats und führt letztlich dazu, dass positive Maßnahmen nur in eng begrenzten Fällen möglich sein dürften. Denn die Einführung einer Bildungsmaßnahme muss der Behebung des Qualifizierungsdefizits und damit dem Erhalt des jeweiligen Arbeitsplatzes dienen.[276]. Dadurch wird aber auch der Kreis der Teilnahmeberechtigten auf diejenigen Arbeitnehmer beschränkt, deren Arbeitsplatz von der Tätigkeitsänderung betroffen ist und die infolgedessen nicht mehr zureichend qualifiziert sind.[277] Dieser Mangel an Auswahlermessen lässt kaum Raum für die Einführung positiver Maßnahmen.

---

1 BetrV, und um Beteiligungsrechte bei der Ermittlung von Bildungsbedarfen und der Beratung hierüber, § 96 Abs. 1 S. 2 und 3, §97 Abs. 1 BetrVG, wobei dem Betriebsrat gem. § 96 Abs. 1 S. 3 BetrVG auch ein entsprechendes Vorschlagsrecht zusteht, dem der Arbeitgeber aber nicht folgen muss. Vgl. *Fitting*, § 96 Rn 41.
273 Maßnahmen der Berufsbildung sind – sofern eine Personalplanung besteht – Bestandteil der Personalentwicklungsplanung, vgl. *Fitting*, § 96 Rn 26.
274 *Fitting*, § 97 Rn 20 f.; ErfK-*Kania*, § 97 Rn 6.
275 *Fitting*, § 97 Rn 8-10.
276 *Fitting*, § 97 Rn 25.
277 *Fitting*, § 97 Rn 26.

Ein Auswahlermessen kann allenfalls entstehen, wenn die tätigkeitsändernde Maßnahme des Arbeitgebers gleichzeitig auch den Abbau von Arbeitsplätzen bezweckt und die vom Abbau und die zur Qualifikation vorgesehenen Arbeitsplätze vergleichbar sind. Denn es ist dem Arbeitgeber nicht zumutbar, Arbeitnehmer zu qualifizieren, bei denen feststeht, dass ihr Arbeitsplatz ohnehin entfällt.[278] Das Auswahlermessen wird somit durch die Zumutbarkeit begrenzt. Allenfalls in diesem engen Rahmen sind positive Maßnahmen denkbar.

bb. Beteiligungsrechte bei der Durchführung

Entschließt sich der Arbeitgeber zur Durchführung von Maßnahmen betrieblicher Berufsbildung, hat der Betriebsrat hieran dann aber gemäß § 98 Abs. 1 BetrVG ein Mitbestimmungsrecht. Dass bei der Durchführung von betrieblichen Bildungsmaßnahmen eine Ungleichbehandlung zum Zweck der Förderung bestimmter Merkmalsträger zulässig ist, ergibt sich – ungeachtet des § 5 AGG – bereits aus § 96 Abs. 2 S. 2 BetrVG, der eine Berücksichtigungspflicht bzgl. der Belange älterer Arbeitnehmer, Teilzeitbeschäftigter und Arbeitnehmer mit Familienpflichten ausdrücklich vorsieht.[279] Eine solche Berücksichtigung kann auch dadurch erfolgen, dass für bestimmte Fortbildungsveranstaltungen etwa Kinderbetreuung angeboten wird.[280] Soweit hierbei die vom EuGH im Fall *Lommers*[281] aufgestellten Grundsätze der Verhältnismäßigkeit berücksichtigt werden, und solche Betreuungsmaßnahmen Öffnungsklauseln für den Einzelfall vorhalten, also auch etwa für alleinerziehende Männer zugänglich sind,[282] sind Regelungen im Sinne des § 5 AGG zulässig.

---

278 *Fitting,* § 97 Rn 28.
279 Richardi-*Thüsing,* § 96 Rn 24.
280 So auch schon zur alten Rechtslage *Fitting,* § 96 Rn 32.
281 EuGH Urt. v. 19. März 2002 – Rs.C-476/99 – NZA 2002, 501 ff.
282 ErfK-*Kania,* § 98 Rn 17, der auch darauf hinweist, dass Auswahlkriterien erstellt werden können, ohne dass bereits eine Auswahlrichtlinie im Sinne des § 95 BetrVG vorliegt.

Fraglich bleibt immerhin, ob auch der Zugang zu betrieblichen Bildungsmaßnahmen durch positive Regelungen im Sinne des § 5 AGG im Rahmen eines Beteiligungsrechts des Betriebsrats erfolgen kann. Der Betriebsrat hat gem. §§ 98 Abs. 3 und Abs. 4 BetrVG ein Teilnahmevorschlagsrecht[283] und kann in diesem Zusammenhang Teilnehmer zur Berufsbildung vorschlagen. Dabei hat er die Grundsätze des § 75 Abs. 1 BetrVG und des § 96 Abs. 2 S. 2 BetrVG zu beachten. Er kann die Teilnehmer jedoch gem. §§ 17 Abs. 1, 5 AGG auch nach Förderungsgesichtspunkten auswählen. Können sich Arbeitgeber und Betriebsrat über die Auswahl nicht einigen, wird auch hier die Einigungsstelle die vom Betriebsrat vorgeschlagenen Aspekte in ihre Abwägung mit den Arbeitgeberbelangen einzubringen haben. Insofern kann der Betriebsrat hier fördernd tätig werden.

e. Zwischenergebnis

Im Rahmen betrieblicher Personalpolitik kann der Betriebsrat zwar bei Bedarfs- und/oder Entwicklungsplanungen konkrete Vorschläge zur Einführung positiver Maßnahmen anregen. Mit diesen muss sich der Arbeitgeber auch befassen, aber er muss den Vorschlägen resp. Anträgen nicht folgen. Insoweit sind nur freiwillige Betriebsvereinbarungen im Sinne des § 77Abs. 4 BetrVG zur Einführung positiver Maßnahmen denkbar.[284] Lediglich im Rahmen des § 97 Abs. 2 BetrVG ist in eng begrenztem Umfang eine durch Einschaltung der Einigungsstelle erzwingbare Regelung zur Begrenzung des unternehmerischen Auswahlverhaltens möglich.

2. Soziale Angelegenheiten

Ein weiteres Feld für die Einführung positiver Maßnahmen sind die im Katalog des § 87 Abs. 1 BetrVG geregelten sozialen Angelegenheiten. Im Gegensatz zu den personellen Angelegenheiten, bei denen die Frage nach der Zulässigkeit positiver Maßnahmen im Wesentlichen Berufs-(bzw. Berufsbildungs-) Zugangs-

---

283 ErfK-*Kania,* § 98 Rn 15.
284 So wohl auch Däubler/Bertzbach-*Hinrichs,* § 5 Rn 35 f., der auch Quotierungen als zulässig erachtet, diese können aber nur im Einvernehmen mit dem Arbeitgeber vereinbart werden.

regelungen betraf,[285] sind im Rahmen des § 87 Abs. 1 BetrVG Berufsausübungsregelungen zu erörtern. Dabei stehen den Betriebsverfassungsparteien eine ganze Reihe unterschiedlicher Regelungsgegenstände zur Verfügung, bei denen sie Fördermaßnahmen implementieren können. Zu denken ist hier insbesondere an §§ 87 Abs. 1 Nr. 1, Nr. 2, Nr. 3, Nr. 5, Nr. 8, Nr. 9 BetrVG.

Hierbei ist im Einzelnen nicht abzusehen, ob und wenn ja, ggf. welche konkreten positiven Maßnahmen durch die Betriebspartner auf dem Gebiet der sozialen Angelegenheiten eingeführt werden könnten. Der Rechtsprechung des EuGH sind allerdings abstrakte Grundsätze zur Zulässigkeit derartiger Berufsausübungsregelungen zu entnehmen. Im oben bereits angesprochenen Fall *Lommers* hatte der EuGH über die behördliche Einführung einer Regelung zu befinden, nach der Kindertagesstättenplätze in einer subventionierten Betreuungseinrichtung den weiblichen Beamten vorbehalten waren, während entsprechende Interessen männlicher Beamter nur in Notfällen berücksichtigt wurden.[286] Der EuGH qualifizierte die Maßnahme zu Recht als Berufsausübungsregelung und attestierte ihr Rechtsgültigkeit, weil sie verhältnismäßig war. Frauen waren in dem in Rede stehenden Ministerium unterrepräsentiert, die Maßnahme war geeignet, Frauen die Berufstätigkeit durch ein Kinderbetreuungsangebot zu ermöglichen, also materielle Gleichheit zu gewährleisten, und sie enthielt eine Öffnungsklausel, die es erlaubte, im Einzelfall auf Belange männlicher Beamter Rücksicht zu nehmen.[287]

Diesen gerichtlichen Ausführungen lassen sich die oben bereits erarbeiteten abstrakten Voraussetzungen zur Regelung positiver Maßnahmen auch im Bereich der Arbeitsbedingungen entnehmen: Fördermaßnahmen sind danach zulässig, wenn eine Unterrepräsentation der Fördergruppe vorliegt.[288] Die Förderung muss geeignet sein, den mit ihr verfolgten Zweck der Chancengleichheit auf dem Arbeitsmarkt zu erreichen und sie muss verhältnismäßig sein. Dabei ist eine Abwägung vorzunehmen zwischen angestrebtem Förderungsziel und den Rechtspositionen anderer negativ betroffener Arbeitnehmer[289] sowie den Arbeitgeberinteressen. Im Rahmen dieser Abwägung entscheidet u.a. auch das Vorliegen sog. Öffnungsklau-

---

285 Nur im Rahmen des § 96 Abs. 2 S. 2 BetrVG wurden Ausübungsregelungen behandelt.
286 EuGH Urt. v. 19. März 2002 – Rs. C-476/99 (Lommers) NZA 2002, 501.
287 EuGH Urt. v. 19. März 2002 – Rs. C-476/99 (Lommers) NZA 2002, 501.
288 Siehe hierzu ausführlich oben S 42 ff.
289 Schleusener/Suckow/Voigt-*Voigt,* § 5 Rn 18.

seln über die Zulässigkeit von Maßnahmen, die es einerseits erlauben, Nichtmerkmalsträger oder Träger anderer Merkmale im Einzelfall zu berücksichtigen[290] und die damit dem Arbeitgeber einen Ermessensspielraum belassen, im Einzelfall anders zu entscheiden.

Im Rahmen sozialer Angelegenheiten ist eine Vielzahl von Fördermaßnahmen denkbar.[291] In Betracht zu ziehen sind etwa Belegungsordnungen für Parkplätze, bei denen Behinderte, ältere oder Frauen bevorzugte Plätze eingeräumt würden (Nr. 1),[292] Pausenregelungen und die Verteilung der Arbeitszeit auf bestimmte Wochentage für Angehörige bestimmter Religionen (Nr. 2) und Urlaubsplanung, die besondere Regelungen für ausländische Arbeitnehmer oder ältere Mitarbeiter vorsehen (Nr. 5). Jede einzelne Maßnahme muss im konkreten Fall aber auf ihre Geeignetheit zur Erhöhung von Arbeitsmarktchancen der bevorzugten Gruppe überprüft und mit den oben erörterten gegenläufigen Interessen abgewogen werden.

3. Allgemeine Aufgaben

Die in § 80 BetrVG kodifizierten allgemeinen Aufgaben des Betriebsrats beziehen sich auf den personellen, den sozialen und den wirtschaftlichen Bereich und stehen selbständig neben den oben bereits erörterten Befugnissen.[293] Deshalb ist zu untersuchen, ob und ggf. in welcher Form der Betriebsrat im Rahmen seiner allgemeinen Aufgaben auf den Erlass von positiven Maßnahmen beim Arbeitgeber hinwirken kann.

---

[290] EuGH Urt. v. 19. März 2002 – Rs. C-476/99 – (Lommers), NZA 2002, 501, 504. Siehe dazu auch schon oben S. 47 ff.
[291] So auch Däubler/Bertzbach-*Hinrichs,* § 5 Rn65.
[292] Zur grundsätzlichen Möglichkeit einer Parkplatzordnung: BAG v. 16. März 1966 AP Nr. 1 zu § 611 BGB; *Fitting,* § 87 Rn 71.
[293] *Fitting,* § 80 Rn 4.

a. Antragsrechte des Betriebsrats[294]

§ 80 BetrVG gewährt dem Betriebsrat in Absatz 1 Nr. 2, und Nr. 7, 2.HS das Recht, Maßnahmen beim Arbeitgeber zu beantragen, die Betrieb und Belegschaft dienen oder auch der Bekämpfung von Rassismus und Fremdenfeindlichkeit.[295] Darüber hinaus hat der Betriebsrat Schutz- und Förderungsaufgaben. weiterer ebenfalls im AGG aufgeführter Merkmale, nämlich bzgl. des Geschlechts (Nr. 2a, Nr. 2b), der Behinderung (Nr. 4) und des Alters (Nr. 6). Auch im Hinblick auf eine Integration ausländischer Arbeitnehmer obliegen ihm Förderpflichten (Nr. 7, 1. HS.). Es ist mithin denkbar, dass der Betriebsrat im Rahmen seiner Antrags- und Förderbefugnisse den Arbeitgeber über § 80 Abs. 1 BetrVG, § 17 Abs. 1 AGG zu einer Erörterung betrieblicher Fördermaßnahmen zwingt. Hierbei kann der Betriebsrat einerseits versucht sein, Einstellungsregelungen zu beantragen, andererseits kann er die Förderung innerbetrieblicher Maßnahmen anregen.

aa. Anträge zu Betriebsöffnungsregelungen

Positive Maßnahmen können– wie oben ausführlich erörtert[296]– darin bestehen, den Betrieb für bestimmte Merkmalsträger zu öffnen, indem Vereinbarungen, insbesondere Quotierungsregelungen zu einer entsprechenden Einstellungspraxis getroffen werden.[297] Wie oben zu § 95 Abs. 1 BetrVG ausgeführt, hat der Betriebsrat in Betrieben mit 500 oder weniger Arbeitnehmern lediglich ein Zustimmungsverweigerungsrecht für vom Arbeitgeber aufgestellte Auswahlrichtlinien. § 80 BetrVG ermöglicht ihm aber, die Einführung solcher Maßnahmen anzuregen und den Arbeitgeber damit zumindest in eine inhaltliche Auseinandersetzung mit ihnen zu zwingen.[298]

---

294 Teilweise werden die nicht erzwingbaren Antragsrecht des Betriebsrats, z.B. aus § 80 Abs. 1 Nr. 2, Nr. 7 BetrVG als Initiativrechte bezeichnet, vgl. etwa ErfK-*Kania*, § 80 Rn 8). Der Übersichtlichkeit halber wird in der vorliegenden Arbeit indes zwischen den erzwingbaren Initiativrechten und den nicht erzwingbaren Antragsrechten unterschieden.
295 *Busch*, S. 68.
296 Siehe oben S. 33 ff.
297 Siehe schon oben, S. 35 ff.
298 ErfK-*Kania*, § 80 Rn 10.

bb. Anträge zu innerbetrieblichen Maßnahmen

Gleiches gilt grundsätzlich auch für die Anregung innerbetrieblicher Fördermaßnahmen im Rahmen von Berufsausübungsregelungen. Nicht einheitlich beurteilt wird allerdings, ob das Antragsrecht des Betriebsrats aus § 80 Abs. 1 Nr. 7 BetrVG zur Förderung der Integration der im Betrieb beschäftigten ausländischen Arbeitnehmer einen konkreten Anlass voraussetzt. Nach einer Ansicht soll die Anregung solcher integrativer Fördermaßnahmen[299] oder von Regelungen, die Fremdenfeindlichkeit im Betrieb verhindern, ohne weiteres nach § 80 Abs. 1 Nr. 7 AGG zulässig sein.[300] Nach anderer Ansicht ist das Antragsrecht des § 80 Abs. 1 Nr. 7 BetrVG rein anlassbezogen und bedarf zu seiner Ausübung eine vorhandene oder sich abzeichnende extremistische Betätigung im Betrieb.[301] Danach wären Anträge auf innerbetriebliche positive Maßnahmen aufgrund ihres abstrakt-generellen Charakters nicht denkbar.

Richtig an der zuletzt genannten Auffassung ist zwar, dass der Wortlaut des § 80 Abs. 1 Nr. 7 BetrVG ausdrücklich von der *Bekämpfung* von Rassismus und Fremdenfeindlichkeit im Betrieb spricht.[302] Dies lässt auf die Anlassbezogenheit des Antragsrechts schließen.[303] Allerdings übersieht diese Ansicht, dass § 80 Abs. 1 Nr. 7 BetrVG neben der Rassismusbekämpfung auch den Auftrag zur betrieblichen Integrationsförderung vorsieht, der sinnvollerweise bereits im Vorfeld von Diskriminierungen erfüllt werden sollte. Hinzukommt, dass die Norm nunmehr auch im Lichte des § 17 Abs. 1 AGG auszulegen ist, der den Auftrag zur Verhinderung von Benachteiligung ausdrücklich beinhaltet. Einen konkreten Anlass setzt § 80 Abs. 1 Nr. 7 BetrVG mithin nicht voraus.[304]

---

299 Zu denken ist etwa an die Durchführung von Deutschunterricht für fremdsprachige Arbeitnehmer während der Arbeitszeit.
300 DKK-*Buschmann*, § 80 Rn 53.
301 *Löwisch*, BB 2001, 1790.
302 ERfK-*Kania*, § 80 Rn 16.
303 *Fitting*, § 80 Rn 23.
304 Soweit *Löwisch*, BB 2001, 1790 und *Fitting*, § 80 Rn 23 befürchten, der Arbeitgeber könne ohne den Anlassbezug zu allgemein pädagogischen oder allgemeinpolitischen Diskussionen gezwungen werden, wird dem durch das Merkmal der Betriebsbezogenheit Rechnung getragen: Außerbetriebliche Integrationsförderung wird von der Norm nicht erfasst.

b. Zwischenergebnis

Der Betriebsrat kann folglich zur Erfüllung seiner allgemeinen Aufgaben nach § 80 Abs. 1 BetrVG Fördermaßnahmen beim Arbeitgeber anregen und beantragen und auch dadurch mit dem Arbeitgeber in den von § 17 Abs. 1 AGG geforderten sozialen Dialog treten. Schlagkräftiges Argument der Arbeitnehmervertretung kann dabei insbesondere die Regelung des § 15 Abs. 3 AGG sein, die eine Haftung des Arbeitgebers für kollektivrechtliche Vereinbarung auf Vorsatz und grobe Fahrlässigkeit reduziert.[305]

---

305 Schieck-*Kocher*, § 17 Rn 14.

V. Zusammenfassung

Da § 17 Abs. 1 AGG dem Betriebsrat die Verwirklichung materieller Gleichbehandlung der Belegschaft bzgl. der von § 1 AGG in Bezug genommenen Diskriminierungsmerkmale lediglich und ausdrücklich „im Rahmen seiner Aufgaben und Handlungsmöglichkeiten" zuweist, kann der Betriebsrat an positiven Maßnahmen auch nur im Rahmen seiner Mitwirkungsbefugnisse aus dem Betriebsverfassungsgesetz beteiligt sein.[306] Positive Maßnahme sind abstrakt-generelle Regelungen, die die Betriebsverfassungsparteien in der Form der Betriebsvereinbarung beschließen können. Sie sind als Instrumente zur Förderung des sozialen Dialogs geeignet, materielle Gleichbehandlung zu fördern und damit auch präventiv gegen Diskriminierungen vorzugehen.

Fördermaßnahmen in personellen Angelegenheiten kann der Betriebsrat nur nach Maßgabe des § 95 Abs. 2 AGG durch ein Einigungsstellenverfahren erzwingen. Bei der Statuierung solcher Maßnahmen sind die Zwecke des § 5 AGG ebenso wie die Rechte des Arbeitgebers und die Rechte derjenigen, die nicht von der Maßnahme betroffen sind, zu beachten und in einen verhältnismäßigen Ausgleich im Sinne praktischer Konkordanz zu bringen. In anderen Regelungsbereichen ist der Betriebsrat auf den Dialog mit dem Arbeitgeber zur freiwilligen Einführung von Fördermaßnahmen beschränkt.

---

306 Zwar gibt es noch eine Vielzahl weiterer Beteiligungsrechte des Betriebsrats ausserhalb der Betriebsverfassung, vgl. dazu den ausführlichen Überblick im gleichnamigen Aufsatz von *Pulte*, NZA-RR 2008, 113 ff., diese sind aber einer Regelung durch positive Maßnahmen im Sinne des § 5 AGG nicht zugänglich.

Teil 3

Die Rechte des Betriebsrats aus § 17 Abs. 2 AGG

§ 17 Abs. 2 AGG steht im Zusammenhang mit der Stärkung des sozialen Dialogs des § 17 Abs. 1 AGG[307] und ermöglicht dem Betriebsrat oder einer im Betrieb vertretenen Gewerkschaft bei einem groben Verstoß des Arbeitgebers gegen Vorschriften aus „diesem Abschnitt" – gemeint ist der arbeitsrechtliche Teil des AGG – „unter der Voraussetzung des § 23 Abs. 3 S. 1 BetrVG die dort genannten Rechte gerichtlich" geltend zu machen.[308] § 23 Abs. 3 S. 1 BetrVG enthält seinerseits einen Anspruch des Betriebsrats bei groben Verstößen des Arbeitgebers gegen das Betriebsverfassungsgesetz durch Handlungs-, Unterlassungs- oder Duldungsverpflichtungen ein gesetzmäßiges Verhalten des Arbeitgebers sicherzustellen.[309] Da der Arbeitgeber bereits über § 75 Abs. 1 BetrVG einem umfassenden Diskriminierungsverbot auch in Bezug auf die Merkmale des § 1 AGG unterliegt,[310] der Betriebsrat also Verstöße gegen das Benachteiligungsverbot bereits nach § 23 Abs. 3 BetrVG geltend machen und (für die Zukunft) unterbinden kann, stellt sich die Frage nach der Abgrenzung der beiden Normen.

---

307 Schieck-*Kocher*, § 17 Rn 2.
308 Erforderlich zur Einleitung des Verfahrens ist ein Betriebsratsbeschluss, *Fitting*, § 23 Rn 113,
309 *Fitting*, § 23 Rn 49, 55.
310 Ausführlich dazu schon die Einleitung und oben S. 10 ff.

I. Einführung/Problemstellung/Streitstand

§ 17 Abs. 2 AGG wird aufgrund der dargestellten gesetzgeberischen Konstruktion im Hinblick auf seine Verquickung mit § 23 Abs. 3 BetrVG als eher unglücklich beschrieben[311] und hat wegen der verworrenen Verweisungstechnik zu einer Vielzahl von Unstimmigkeiten und Meinungsverschiedenheiten geführt, die nachfolgend näher untersucht werden. So wird bereits die Rechtsnatur der Norm uneinheitlich teilweise als Rechtsgrund[312]-, teilweise als Rechtsfolgenverweisung[313] charakterisiert. Die jeweilige Einordnung der Vorschrift wirkt sich darauf aus, ob die von § 17 Abs. 2 AGG in Bezug genommenen Pflichtverstöße zumindest auch Angelegenheiten der Betriebsverfassung sind oder sein müssen[314] oder nicht[315], was wiederum Einfluss auf die streitige Frage hat, ob ein Vorgehen nach § 17 Abs. 2 AGG im arbeitsgerichtlichen Beschluss[316]- oder Urteilsverfahren[317] geltend zu machen und zu entscheiden ist. Hiermit in Zusammenhang steht zudem auch der Streit darüber, ob als Voraussetzung für die Anwendung der Norm ein Kollektivbezug der Pflichtverletzung zu verlangen ist[318] oder nicht[319]. Inhaltlich wird ferner

---

311 Richardi, NZA 2006, 881, 886; Däubler/Bertzbach- *Bsuchmann,* § 17 Rn 11.
312 So etwa *Meinel/Heyn/Herms,* § 17 Rn 20, die dann die Streitigkeiten folgerichtig als solche betriebsverfassungsrechtlicher Natur einordnen, über die im Beschlussverfahren zu entscheiden sei. Unverständlich erscheint dann jedoch, dass die Autoren in § 17 Rn 15 die Ansicht vertreten, es bedürfe für ein Vorgehen nach § 17 Abs. 2 AGG keines Verstoßes gegen § 23 Abs. 3 BetrVG – denn Konsequenz dieser These wäre, dass es sich bei § 17 Abs. 2 AGG gerade nicht um eine Rechtsgrundverweisung handelt. Dazu noch unten S. 77 ff.
313 So die wohl herrschende Meinung: Schieck-*Kocher,* § 17 Rn 15 a.E.; MüKo AGG-*Thüsing,* § 17 Rn 15; Däubler/Bertzbach-*Buschmann,* § 17 Rn 11; *Fitting,* § 23 Rn 112.
314 *Meinel/Heyn/Herms,* § 17 Rn 20; Schleusener/Suckow/Voigt-*Schleusener,* § 17 Rn 6, wobei diese Ansicht eine Einordnung als „Angelegenheit aus dem Betriebsverfassungsgesetz" wohl vor allem deshalb vornimmt, um die arbeitsgerichtliche Verfahrensart zu rechtfertigen.
315 Schieck-*Kocher,* § 17 Rn 16; MüKo-*Thüsing,* § 17 Rn 15; Däubler/Bertzbach-*Buschmann,* § 17 Rn 13.
316 So die herrschende Ansicht in der Literatur: *Adomeit/Mohr,* § 17 Rn 18; Schieck-*Kocher,* § 17 Rn 30; Schleusener/Suckow/Voigt-*Schleusener,* § 17 Rn 6; Däubler/Bertzbach-*Buschmann,* § 17 Rn 30; *Klumpp,* NZA 2006, 904, 905; *Besgen* BB 2007, 213, 215; *Besgen/Roloff,* NZA 2007, 670, 672; *Meinel/Heyn/Herms,* § 17 Rn 20; *Bauer/Göpfert/Krieger,* § 17 Rn 25; *Fitting,* § 23 Rn 114.
317 MüKo-*Thüsing,* § 17 Rn 15; *derselbe,* S. 247 Rn 622.
318 *Adomeit/Mohr,* § 17 Rn 13; *Klumpp,* NZA 2006, S. 904, 906; *Meinel/Heyn/Herms,* § 17 Rn 18; *Bauer/Göpfert/Krieger,* § 17 Rn 22.
319 Schieck-*Kocher,* § 17 Rn 22; *Besgen/Roloff,* NZA 2007, S. 670, 671.

uneinheitlich beurteilt, ob § 17 Abs. 2 AGG ein Verschulden des Arbeitgebers voraussetzt[320], ob eine Wiederholungsgefahr für eine vergleichbare Pflichtverletzung erforderlich ist[321] und inwieweit Rechtsirrtümer des Arbeitgebers beachtlich sind[322]. Schließlich ist in verfahrensrechtlicher Hinsicht noch zu untersuchen, ob die Ansprüche des Betriebsrats im Eilverfahren verfolgt werden können[323] und ob und inwieweit die Beweislastverteilungsregelung des § 22 AGG anzuwenden ist[324].

Problematisch an den Kontroversen um den § 17 Abs. 2 AGG ist, dass teilweise lediglich Einzelaspekte diskutiert werden, die Auswirkungen der jeweils erörterten Gesichtspunkte auf Folgeprobleme und Folgestreitigkeiten aber nur rudimentär und ohne Bezug auf die bereits behandelten Komplexe erfolgen.[325] Dies führt zu einer wenig übersichtlichen Meinungsvielfalt, die es im Hinblick auf die oben angesprochenen Streitpunkte zu ordnen und zu untersuchen gilt. Es liegt nahe, zunächst die Rechtsnatur der Norm zu erörtern, die ja – wie oben schon angedeutet – Auswirkungen auf die verfahrensrechtliche Vorgehensweise und auf inhaltliche Prüftatbestände hat. Sodann sind die weiteren materiellen Anforderungen der Norm – namentlich die Frage, ob Verschulden und Wiederholungsgefahr erforderlich sind und ob ein Rechtsirrtum des Arbeitgebers beachtlich ist – zu untersuchen, ehe auf die Beweislastverteilung und das Eilverfahren einzugehen ist.

---

320 So *Adomeit/Mohr*, § 17 Rn 11. A.A. Schieck-*Kocher*, § 17 Rn 19; MüKo-*Thüsing*, § 17 Rn 10; Schleusener/Suckow/Voigt-*Schleusener*, § 17 Rn 11; Däubler/Bertzbach-*Buschmann*, § 17 Rn 21; *Besgen/Roloff*, NZA 2007, 670, 672; *Meinel/Heyn/Herms*, § 17 Rn 16; *Fitting*, § 23 BetrVG Rn 112; *Bauer/Göpfert/Krieger*, § 17 Rn 19;: Schleusener/Suckow/Voigt-*Schleusener*, § 17 Rn 11.

321 So Schieck-*Kocher*, § 17 Rn 23; *Adomeit/Mohr*, § 17 Rn 12. A.A. Däubler/Bertzbach-*Buschmann*, § 17 Rn 25; *Besgen/Roloff*, NZA 2007, S. 670, 672; *Meinel/Heyn/Herms*, § 17 Rn 14; *Bauer/Göpfert/Krieger*, § 17 Rn 20; *Fitting*, § 23 Rn 114. Unentschlossen: Schleusener/Suckow/Voigt-*Schleusener*, § 17 Rn 15.

322 Dafür: *Adomeit/Mohr*, § 17 Rn 9; 12; MüKo-*Thüsing*, § 17 Rn 9; *Fitting*, § 23 Rn 112; dagegen: Schieck-*Kocher*, § 17 Rn 21; Däubler/Bertzbach-*Buschmann*, § 17 Rn 22.

323 So: Schleusener/Suckow/Voigt-*Schleusener*, § 17 Rn 7; Däubler/Bertzbach-*Buschmann*, § 17 Rn 30; *Meinel/Heyn/Herms*, § 17Rn 24; *Fitting*, § 23 Rn 114. A.A.: *Adomeit/Mohr*, § 17 Rn 20; MüKo-*Thüsing*, § 17 Rn 18; *Besgen/Roloff*, NZA 2007, 671, 674; *Bauer/Göpfert/Krieger*, § 17 Rn 26.

324 Für eine Anwendung des § 22 AGG: Schieck-*Kocher*, § 17 Rn 32; Däubler/Bertzbach-*Buschmann*, § 17 Rn 31; dagegen: *Adomeit/Mohr*, § 17 Rn 19; *Besgen*, BB 2007, 213, 215; *Besgen/Roloff*, NZA 2007, 671, 673; *Meinel/Heyn/Herms*, § 17Rn 22; *Bauer/Göpfert/Krieger*, § 17 Rn 28.

325 Vgl. Fn 312.

II. Rechtsgrund- oder Rechtsfolgenverweisung

Die Einordnung der Norm als Rechtsgrund- oder Rechtsfolgenverweisung zieht erhebliche Konsequenzen nach sich, die zunächst überblickartig skizziert werden, um die sich hieran anschließende Prüffolge zu bestimmen:

▶ Sollte es sich bei § 17 Abs. 2 AGG um eine Rechtsgrundverweisung in das Betriebsverfassungsgesetz handeln, müsste immer zusätzlich noch ein Verstoß gegen betriebsverfassungsrechtliche Pflichten des Arbeitgebers vorliegen, damit die Norm angewendet werden kann. Die Arbeitsgerichte hätten im Beschlussverfahren zu entscheiden. Ein Kollektivbezug – der sich aus dem Verstoß gegen das BetrVG zwangsläufig ergäbe – wäre in jedem Fall Voraussetzung eines Vorgehens im Wege des § 17 Abs. 2 AGG.

▶ Handelt es sich dagegen bei der Norm um eine Rechtsfolgenverweisung, müsste weiter erörtert werden, ob Streitigkeiten nach dieser Vorschrift ungeachtet dessen betriebsverfassungsrechtliche Angelegenheiten sind.[326] Denn nur dann könnten die Arbeitsgerichte im Beschlussverfahren über solche Anträge entscheiden. Zu erörtern wäre ggf. zusätzlich noch, ob § 17 Abs. 2 AGG einen Kollektivbezug des Pflichtverstoßes voraussetzt.

▶ Wäre § 17 Abs. 2 AGG keine Rechtsgrundverweisung und seine Angelegenheiten auch nicht (oder jedenfalls nicht immer) betriebsverfassungsrechtlicher Natur, müsste im Urteilsverfahren entschieden werden.[327] Auch hier müsste die Frage geklärt werden, ob die Norm nicht dennoch einen Kollektivbezug verlangt, damit ihre Rechte geltend gemacht werden können.

Aus alledem wird deutlich, dass vorrangig zu untersuchen ist, ob § 17 Abs. 2 AGG eine Rechtsgrund- oder eine Rechtsfolgenverweisung ist. Eine Verweisung ist die gesetzestechnische Bezugnahme einer Norm auf eine andere Vorschrift und führt

---

326 Schleusener/Suckow/Voigt-*Schleusener*, § 17 Rn 6; *Meinel/Heyn/Herms,* § 17 Rn 20, 24 mwN. A.A. *Thüsing,* Rn 622.
327 Schleusener/Suckow/Voigt-*Schleusener*, § 17 Rn 6 weist zu Recht darauf hin, dass dann eine Zuweisung an die Arbeitsgerichtsbarkeit weder über § 2 a Abs. 1 Nr. 1 ArbGG noch über § 2 ArbGG ersichtlich wäre, so dass wohl gem. § 13 GVG die Zivilgerichte angerufen werden müssten.

dazu, dass die in Bezug genommene Norm Bestandteil der verweisenden Norm wird.[328] Bei der Rechtsfolgenverweisung hat die verweisende Norm eigene Tatbestandsmerkmale, die erfüllt sein müssen, damit die Rechtsfolge der in Bezug genommenen Norm eintreten kann.[329] Die Norm ist Rechtsgrundverweisung, wenn sie nicht nur auf die Rechtsfolge, sondern darüber hinaus auch auf den Tatbestand (Rechtsgrund) der anderen Norm verweist, weshalb bei dieser Art der Verweisung zusätzlich die Voraussetzungen der Norm, auf die verwiesen wird, gegeben sein müssen, damit deren Rechtsfolgen eintreten können.[330] Fraglich ist also, ob § 17 Abs. 2 AGG dergestalt auf § 23 Abs. 3 S. 1 BetrVG verweist, dass neben einem Verstoß gegen den zweiten Abschnitt des AGG die weiteren Voraussetzungen des § 23 Abs. 3 S. 1 vorliegen müssen, damit der Betriebsrat zur Handlung gegen den Arbeitgeber nach § 17 Abs. 2 AGG ermächtigt ist.

Der Wortlaut des § 17 Abs. 2 AGG legt zunächst nahe, eine solche Rechtsgrundverweisung anzunehmen, heißt es doch, der Betriebsrat könne „…unter den Voraussetzungen des § 23 Abs. 3 S. 1, 1. HS BetrVG…" aus der Norm vorgehen. Dies spricht dafür, dass – auch – der Tatbestand des § 23 Abs. 3 BetrVG erfüllt sein muss. Indes ist der 2. HS des S. 1, so formuliert, dass „§ 23 Abs. 3 S. 2 bis 5 BetrVG (…)entsprechend" gilt. Eine entsprechende Anordnung des im § 23 Abs. 3 S. 2-5 BetrVG geregelten Vollstreckungsverfahrens bedürfte es nicht, wenn bereits der Tatbestand des § 23 Abs. 3 S. 1, 1. HS BetrVG erfüllt wäre; die Norm könnte unmittelbar angewandt werden. Der Wortlaut des § 17 Abs. 2 AGG ist also mehrdeutig und insoweit für die zu beantwortende Frage nicht aussagekräftig. Auch die systematische Stellung der Norm gibt keinen Aufschluss über ihren Charakter als Rechtsgrund- oder Rechtsfolgenverweisung.

In der Gesetzesbegründung heißt es zunächst, dass § 17 Abs. 2 AGG „zur Betonung der Verantwortlichkeit" der Betriebsräte (und der im Betrieb vertretenen Gewerkschaften) eingeführt wurde und der Betriebsrat „unter der Voraussetzung des § 23 Abs. 3 S. 1 BetrVG" die dort geregelten Rechte geltend machen kann.[331] Auch hier spricht die mit der Norm identische Verweisungswortwahl „unter der Voraussetzung des § 23 Abs. 3 S. 1 BetrVG" für eine Rechtsgrundverweisung.

---

328 *Larenz/Canaris*, S. 81 f.
329 *Larenz/Canaris*, S. 81 f.
330 *Larenz/Canaris*, S. 81 f.; *Zipperlius*. S. 31 f.
331 BT-Drucks. 16/1780, S. 39.

Gleiches gilt für die Formulierung „Betonung ihrer Verantwortlichkeit", die eher für eine Unterstreichung oder Hervorhebung bereits bestehender Rechte denn für einen konstitutiven Rechtszuwachs des Betriebsrats spricht.

Allerdings formuliert die Begründung dann unmittelbar im Anschluss weiter, der Betriebsrat könne bei einem „grobe[n] Verstoß des Arbeitgebers gegen Vorschriften des zweiten Abschnitts (…) eine erforderliche Handlung, Duldung oder Unterlassung" verlangen.[332] Hier wird die Rechtsfolge des § 23 Abs. 3 S.1 BetrVG (Einleitung des Erkenntnisverfahrens) lediglich vom Vorliegen des Tatbestandes des § 17 Abs. 2 AGG (grober Verstoß gegen den zweiten Abschnitt) abhängig gemacht. Dies spricht eher für eine Rechtsfolgenverweisung. Hinzu kommt, dass sowohl in der Gesetzesbegründung als auch in der Beschlussempfehlung[333] Beispielsfälle genannt werden, wann ein nach § 17 Abs. 2 AGG erheblicher Verstoß des Arbeitgebers vorliegen soll, die eine Rechtsfolgenregelung annehmen lassen. Ausreichend soll danach sein, dass der Arbeitgeber „die zum Schutz seiner Beschäftigten objektiv gebotenen Maßnahmen unterlässt oder selbst in grober Weise gegen das Benachteiligungsverbot verstößt".[334] Der Gesetzgeber nimmt hier Bezug auf die Präventivpflichten des Arbeitgebers aus dem AGG, die ihrerseits bereits deshalb keine Pflichten im Sinne des § 23 Abs. 3 S. 1 BetrVG sein können, weil sie auch für nicht betriebsratsfähige Unternehmen gelten.

Zudem soll der Betriebsrat ausweislich der Gesetzesbegründung mit § 17 Abs. 2 auch Verstöße gegen das Benachteiligungsverbot des § 7 AGG unterbinden können.[335] Zwar könnte der Standpunkt vertreten werden, dass Benachteiligungsverstöße auch im Rahmen des § 23 Abs. 3 S. 1 BetrVG über § 75 BetrVG geltend gemacht werden können. Anders als § 75 BetrVG erfasst § 17 Abs. 2 AGG aber auch Benachteiligungen von BewerberInnen und leitenden Angestellten.[336] Hinzukommt, dass die in der Beschlussempfehlung angesprochene Möglichkeit, den Arbeitgeber zur Erduldung der Ausübung des individualrechtlichen

---

332 So auch die Beschlussempfehlung des Rechtsausschusses, BT-Drucks. 16/2022, S. 12.
333 BT-Drucks. 16/2022, S. 12.
334 BT-Drucks. 16/1780, S. 39.
335 BT-Drucks. 16/1780, S. 39.
336 Schieck-*Kocher*, § 17 Rn 17.

Beschwerderechts des § 13 Abs. 1 AGG zu zwingen,[337] nicht von den §§ 75, 23 Abs. 3 BetrVG erfasst wird.[338]

Aus alledem wird deutlich, dass neben einem Verstoß gegen den zweiten Abschnitt des AGG ein zusätzlicher Verstoß gegen das BetrVG von § 17 Abs. 2 AGG nicht gefordert wird. Somit ist hier vom Vorliegen einer Rechtsfolgenverweisung auszugehen.

---

[337] BT-Drucks. 16/2022, S. 12.
[338] Zum Beschwerderecht des § 13 AGG noch ausführlich unten, Teil 4. Die Erduldung der Ausübung des Beschwerderechts im Individualbeschwerdeverfahren gem. § 84 BetrVG kann dagegen vom Betriebsrat nicht geltend gemacht werden, es ist vom Arbeitnehmer im Urteilsverfahren geltend zu machen, vgl. *Fitting,* § 85 Rn 22; Richardi-*Thüsing,* § 84 Rn 32.

III. Angelegenheit des Betriebsverfassungsgesetzes: Urteils- oder Beschlussverfahren

Es bleibt deshalb zu klären, ob die Arbeitsgerichte über Anträge nach § 17 Abs. 2 AGG im Beschluss[339]- oder Urteilsverfahren[340] zu entscheiden haben, oder ob gar die Zivilgerichte zur Entscheidung über Angelegenheiten nach § 17 Abs. 2 AGG aufgerufen sind.[341] Die Beantwortung dieser Frage richtet sich gemäß § 13 GVG zunächst nach den §§ 2 ff. ArbGG. Gemäß § 2a Abs. 1 Nr. 1 ArbGG sind die Arbeitsgerichte zuständig für „Angelegenheiten aus dem Betriebsverfassungsgesetz". Folglich müssten sich Streitigkeiten nach § 17 Abs. 2 AGG hierunter subsumieren lassen, damit über sie gemäß § 2a Abs. 2 ArbGG im Beschlussverfahren entschieden werden kann.[342]

Eine Legaldefinition der „Angelegenheiten aus dem Betriebsverfassungsgesetz" existiert nicht, der Begriff ist folglich auszulegen. Einigkeit besteht darüber, dass er im Rahmen des § 2a ArbGG sämtliche gesetzlichen Pflichten erfasst, die dem Arbeitgeber im Rahmen der Betriebsverfassung obliegen, auch wenn sie nicht im BetrVG geregelt sind.[343] Diese Interpretation entspricht der gängigen Auslegung des Begriffs „Verpflichtung aus diesem Gesetz" aus § 23 Abs. 3 S. 1 BetrVG, für den ebenfalls eine Beschränkung auf betriebsverfassungsrechtliche Pflichten allein aus dem BetrVG abgelehnt wird.[344] Verstöße gegen das Benachteiligungsverbot, die ausdrücklich von § 17 Abs. 2 AGG erfasst werden, sind freilich regelmäßig individualrechtlicher, mithin gerade nicht betriebsverfassungsrechtlicher Natur und können – jedenfalls im Falle etwa von Benachteiligungen bei Bewerbungen – im Rahmen des § 23 Abs. 3 S. 1 BetrVG gerade nicht geltend gemacht werden.

---

339 *Adomeit/Mohr,* § 17 Rn 18; Schieck-*Kocher,* § 17 Rn 30; Schleusener/Suckow/Voigt-*Schleusener,* § 17 Rn 6; Däubler/Bertzbach-*Buschmann,* § 17 Rn 30; *Klumpp,* NZA 2006, 904, 905; *Besgen* BB 2007, 213, 215; *Besgen/Roloff,* NZA 2007, 670, 672; *Meinel/Heyn/Herms,* § 17 Rn 20; *Bauer/Göpfert/Krieger,* § 17 Rn 25; *Fitting,* § 23 Rn 114.
340 MüKo-*Thüsing,* § 17 Rn 15; *derselbe,* Rn 622.
341 Vgl. dazu Schleusener/Suckow/Voigt-*Schleusener,* § 17 Rn 6 Fn 5.
342 Schleusener/Suckow/Voigt-*Schleusener,* § 17 Rn 6.
343 Germelmann-*Matthes,* § 2a ArbGG Rn 7.
344 *Fitting,* § 23 Rn 60 f. mwN; Richardi-*Thüsing,* §23 Rn 91. Die Rechte des § 23 Abs. 3 BetrVG gelten daher auch für Verstöße gegen bei *Pulte,* NZA-RR 2008, 113 aufgezählten Beteiligungsrechte außerhalb der Betriebsverfassung.

Die in den beiden Normen – § 23 Abs. 3 S. 1 BetrVG und § 2a ArbGG – erwähnten Begriffe der „betriebsverfassungsrechtlichen Angelegenheiten" bzw. der „Pflichten aus dem Betriebsverfassungsgesetz" sind allerdings einer unterschiedlichen Auslegung zugänglich. Dies ergibt sich bereits aus dem unterschiedlichen Regelungszweck beider Vorschriften – der Zuständigkeitsregelung des § 2a ArbGG einerseits, die die Zuweisung an ein sachkompetentes Gericht (also ein öffentliches Organ) im Blick hat, und der das Erkenntnisverfahren regelnden Norm des § 23 Abs. 3 BetrVG andererseits, die einem privaten Akteur unter bestimmten Voraussetzungen Handlungsbefugnisse einräumt.

Dementsprechend wird für § 2a ArbGG auch die Ansicht vertreten, dass sämtliche Streitigkeiten zwischen Arbeitgeber und Betriebsrat, gleich aus welchem Regelungsgebiet sie stammen, immer betriebsverfassungsrechtliche Angelegenheiten im Sinne des § 2a Nr. 1 ArbGG seien.[345] Es wird folglich von den handelnden Akteuren auf die Zuständigkeit geschlossen. Begründet wird dies damit, dass das arbeitsgerichtliche Beschlussverfahren die für „diese Art von Streitigkeiten" geschaffene und besonders geeignete Verfahrensart ist.[346] Dieser Ansicht ist zu folgen. Denn obschon Verstöße gegen das Benachteiligungsverbot individualrechtlichen Charakter haben können – die ja grundsätzlich im Urteilsverfahren geltend zu machen wären -, bestimmt § 17 Abs. 2 S. 2 AGG ausdrücklich auch, dass Ansprüche des Benachteiligten durch § 17 Abs. 2 AGG nicht geltend gemacht werden dürfen. Hieraus ist zu folgern, dass der Betriebsrat zwar bei Verstößen gegen das individualrechtliche Benachteiligungsverbot aus § 17 Abs.2 S. 1 AGG gegen den Arbeitgeber vorgehen kann, dies aber doch nur als Kollektivorgan zur Aufrechterhaltung der „guten Ordnung des Betriebs":[347]

Die Angelegenheiten des § 17 Abs. 2 AGG fallen folglich in den Zuständigkeitsbereich des § 2a ArbGG und sind aufgrund der handelnden Akteure als betriebs-

---

[345] Schwab/Weth-*Walker*, § 2a Rn 53 a.E. Eine Auseinandersetzung mit der Frage, ob die Normen grundsätzlich gleich auszulegen sind, ist wohl vor allem vor dem Hintergrund nicht erfolgt, dass eine Verquickung von kollektiven und individualrechtlichen Angelegenheiten, wie sich dies nun aus § 17 Abs. 2 AGG ergibt, bislang unbekannt war und sich die Frage demgemäß gar nicht stellte.

[346] Schwab/Weth-*Walker*, § 2a Rn 18, ArbGG; Germelmann-*Matthes*, § 2a ArbGG Rn 7 mwN auch zur Rechtsprechung

[347] BT-Drucks. 16/2022, S. 12. Ob damit schon ein Kollektivbezug besteht oder zur Geltendmachung erforderlich ist, wird sogleich erörtert.

verfassungsrechtliche Angelegenheiten zu qualifizieren, ohne das dies zur Folge hätte, dass der Arbeitgeber damit auch gegen seine „Pflichten aus dem Betriebsverfassungsgesetz" im Sinne des § 23 Abs. 3 S. 1 BetrVG verstoßen hätte.

Streitigkeiten nach § 17 Abs. 2 AGG sind folglich im Beschlussverfahren vor den Arbeitsgerichten gemäß § 2a ArbGG geltend zu machen.

IV. Weitere inhaltliche Anforderungen des § 17 Abs. 2 AGG

Neben der materiellen Frage, ob eine Rechtsgrund- oder Rechtsfolgenverweisung vorliegt,[348] besteht Uneinigkeit über weitere inhaltliche Anforderungen der Norm, die sich im Tatbestandsmerkmal des „groben Verstoßes" vereinen: Wie oben bereits skizziert ist streitig, ob die grobe Pflichtverletzung des § 17 Abs. 2 S. 1 AGG Kollektivbezug aufweisen muss, ob das pflichtverletzende Verhalten ein Verschulden des Arbeitgebers voraussetzt und ob Wiederholungsgefahr bestehen muss. Schließlich ist auch fraglich, ob ein Rechtsirrtum des Arbeitgebers beachtlich ist oder nicht. Dabei steht die prozessualen Frage, ob es sich bei den Angelegenheiten des § 17 Abs. 2 S. 1 AGG um „betriebsverfassungsrechtliche Angelegenheiten" handelt, in engem thematischen Zusammenhang mit der materiellen Frage, ob zur Anwendung der Norm ein kollektiver Bezug vorliegen muss oder nicht, die deshalb den Einstieg in die materielle Untersuchung bildet:

1. Kollektivbezug als Voraussetzung der Geltendmachung?

Zunächst ist daher zu erörtern, ob die Rechte aus § 17 Abs. 2 AGG nur bestehen, wenn der grobe Verstoß des Arbeitgebers gegen eine Vorschrift des zweiten Abschnitts des AGG „Kollektivbezug" aufweist.[349] Eine solche Voraussetzung wird zum einen aus der „Verknüpfung" von § 17 Abs. 2 AGG und § 23 Abs. 3 BetrVG gefolgert,[350] zum anderen aus § 17 Abs. 2 S. 2 AGG hergeleitet, der die Geltendmachung von Individualansprüchen ausschließt.[351] Beide Argumentationsstränge zielen darauf ab, einmalige und isolierte Benachteiligungen nicht im Wege des § 17 Abs. 2 S. 1 AGG einer gerichtlichen Klärung (durch Unterbindung für die Zukunft) zuzuführen.

---

348 Es handelt sich bei der Charakterisierung der Norm als Rechtsgrund- oder Rechtsfolgenverweisung um eine materiell-rechtliche Frage. Daran schloss sich aus Verständnisgründen wegen des engen Zusammenhangs der erörterten Folgen für die prozessualen Zuständigkeitsregelungen eine prozessuale Prüfung an.
349 *Adomeit/Mohr*, § 17 Rn 13; *Klumpp*, NZA 2006, S. 904, 906; *Meinel/Heyn/Herms*, § 17 Rn 18; *Bauer/Göpfert/Krieger*, § 17 Rn 22; a.A. Schieck-*Kocher*, § 17 Rn 22; *Besgen/Roloff*, NZA 2007, S. 670, 671.
350 *Adomeit/Mohr*, § 17 Rn 13; *Klumpp*, NZA 2006, S. 904, 906.
351 *Meinel/Heyn/Herms*, § 17 Rn 18; *Bauer/Göpfert/Krieger*, § 17 Rn 22.

Da es sich – wie oben[352] ausführlich dargelegt – bei § 17 Abs. 2 S. 1 AGG um eine Rechtsfolgenverweisung handelt, ist der Schluss von der Verknüpfung der Norm mit § 23 Abs. 3 BetrVG auf einen wie auch immer gearteten Kollektivbezug nicht zwingend.[353] Zwar wird dieser Schluss zusätzlich noch auf das Argument gestützt, die Beschlussempfehlung des Rechtsausschusses sehe vor, nur solche Verstöße zu erfassen, die der „guten Ordnung des Betriebs" widersprächen.[354] Jedoch ist auch ein einmaliger offensichtlich schwerwiegender Verstoß gegen das Benachteiligungsverbot geeignet, die gute Ordnung des Betriebs zu beeinträchtigen.[355]

Hinzukommt, dass die aufgrund der Beschlussempfehlung des Rechtsausschusses in das AGG aufgenommene Regelung des § 17 Abs. 2 S. 2 AGG[356] nicht *eo ipso* dazu führt, einen Pflichtenverstoß mit Kollektivbezug zur Voraussetzung des § 17 Abs. 2 S. 1 AGG zu machen. Richtig ist zwar, dass mit der Einfügung des Satzes zwei des § 17 Abs. 2 die Geltendmachung von Ansprüchen des Benachteiligten ausgeschlossen werden sollte.[357] Hieraus kann indes nicht der Umkehrschluss gezogen werden, eine Geltendmachung des § 17 Abs. 2 AGG seitens des Betriebsrats sei immer dann ausgeschlossen, wenn der einzelne Beschäftigte seinerseits im Wege der Individualklage vorgehen könnte, was insbesondere auch bei Unterlassungs- Duldungs- oder Leistungsanträgen der Fall sei.[358] Damit wird indes unterstellt, die Rechte der Betroffenen und die des Betriebsrats würden sich insoweit überschneiden. Dies ist allerdings unrichtig: Die Individualansprüche auf Unterlassung, Duldung und Leistung stehen neben solchen des Betriebsrats, da sie einen anderen Streitgegenstand haben.[359] Denn beim Individualanspruch kann nur ein Verstoß gegen den Betroffenen für die Zukunft verhindert werden, während der Anspruch nach § 17 Abs. 2 AGG einen künftigen Verstoß gegenüber der gesamten Belegschaft für die Zukunft verhindern kann.

---

352 Siehe S. 77 ff.
353 Diese Ansicht müsste zudem auch entweder eine Abgrenzung vornehmen zwischen „Verstößen mit Kollektivbezug" und Verstößen gegen „Verpflichtung aus dem Betriebsverfassungsrecht" oder eine partielle Rechtsgrundverweisung annehmen. Beides wird allerdings bisher nicht vertreten.
354 BT-Drucks. 16/2022, S. 12.
355 *Besgen/Roloff,* NZA 2007, 670, 671.
356 BT-Drucks. 16/2022, S. 12.
357 BT-Drucks. 16/2022, S. 12.
358 So aber *Bauer/Göpfert/Krieger,* § 17 Rn 22; a.A. *Bauschke,* § 17 Rn 2, allerdings ohne jedwede Begründung.
359 Däubler/Bertzbach-*Buschmann,* § 17 Rn 29.

Schließlich wird zu berücksichtigen sein, dass die Einfügung des Satzes 2 des § 17 Abs. 2 AGG ausweislich der Beschlussempfehlung des Rechtsausschusses lediglich der Klarstellung diente, dass mit § 17 Abs. 2 S. 1 AGG keine Prozessstandschaftsregelung gewollt war.[360] Ausgeschlossen werden sollte ausdrücklich nur die Geltendmachung von Schadensersatz- und Entschädigungsansprüchen der Benachteiligten durch Betriebsrat oder Gewerkschaft,[361] nicht aber ein Kollektivbezug als Voraussetzung des § 17 Abs. 2 S. 1 AGG festgeschrieben werden.[362] Einzelverstöße gegen das Benachteiligungsverbot können somit gemäß § 17 Abs. 2 S. 1 AGG geltend gemacht werden, sofern der Verstoß offensichtlich schwerwiegend ist.

2. Kein Verschulden

Nach überwiegender Ansicht ist ein Vorgehen nach § 17 Abs. 2 AGG nicht vom Verschulden des Arbeitgebers abhängig.[363] Begründet wird dies mit einem Vergleich des § 17 Abs. 2 AGG mit dem § 23 Abs. 3 S.1 BetrVG: Dessen Zweck liege nicht in der Sanktion betriebsverfassungswidrigen Verhaltens, sondern in der Durchsetzung künftigen rechtmäßigen Verhaltens des Arbeitgebers.[364] Ähnlich wolle § 17 Abs. 2 S. 1 AGG nicht diskriminierungsrelevantes Verhalten sühnen, sondern dieses für die Zukunft hindern.[365]

Hiergegen wendet sich eine Mindermeinung:[366] § 17 Abs. 2 AGG setze ausdrücklich einen Verstoß gegen Benachteiligungsverbot und/oder Organisationspflichten voraus, der seinerseits verschuldet sein müsse.[367] Dies ist indes unrichtig:

---

360 BT-Drucks. 16/2022, S.12.
361 So ausdrücklich: BT-Drucks. 16/2022, S.12.
362 So auch Schieck-*Kocher* § 17 Rn 22; Däubler/Bertzbach-*Buschmann*, § 17 Rn 29.
363 Schieck-*Kocher* § 17 Rn 19; MüKo-*Thüsing*, § 17 Rn 10; *Thüsing*, Rn 617; Schleusener/Suckow/Voigt-*Schleusener*, § 17 Rn 11; Däubler/Bertzbach-*Buschmann*, § 17 Rn 21; *Besgen/Roloff*, NZA 2007, 670, 672; *Besgen*, BB 2007, S. 213, 214; *Meinel/Heyn/Herms*, § 17 Rn 24; *Bauer/Göpfert/Krieger*, § 17 Rn 19.
364 MüKo-*Thüsing*, § 17 Rn 10; *Thüsing*, Rn 617; *Steinkühler*, Rn 434.
365 Däubler/Bertzbach-*Buschmann*, § 17 Rn 21.
366 *Adomeit/Mohr*, § 17 Rn 11.
367 *Adomeit/Mohr*, § 17 Rn 11.

§ 3 Abs. 2 AGG regelt die sog. mittelbare Benachteiligung, die tatbestandlich vorliegt, wenn dem Anschein nach neutrale Vorschriften, Maßnahmen, Kriterien oder Verfahren benachteiligende Auswirkungen haben und hierfür kein verhältnismäßiger, sachlicher Grund vorliegt.[368] Der Vorschrift ist kein subjektives Tatbestandselement zu entnehmen.[369] Da ein Verstoß gegen § 7 Abs. 1 AGG auch mittelbare Benachteiligungen erfasst,[370] ist zu konstatieren, dass die Norm kein Verschulden voraussetzt.[371] Anderes mag zwar für die Organisationspflichten gelten, weil ein Unterlassen nur aufgrund fahrlässiger Unkenntnis denkbar ist. Für Verstöße gegen das Benachteiligungsverbot bleibt es aber dabei, dass ein Verschulden nicht erforderlich ist.

3. Keine Wiederholungsgefahr

Teile der Literatur vertreten die Ansicht, § 17 Abs. 2 S. 1 AGG setze Wiederholungsgefahr voraus: Da die Norm der Durchsetzung künftigem gleichheitskonformen Verhaltens diene, müsse dem Arbeitgeber die Möglichkeit eröffnet sein, die Wiederholungsgefahr zur Vermeidung von Sanktionen zu widerlegen.[372]

Hiergegen ist zunächst einzuwenden, dass § 17 Abs. 2 AGG der Sicherung künftigen gesetzestreuen Verhaltens dient und damit gerade keinen Sanktionscharakter aufweist.[373] Denn erst wenn der Arbeitgeber nach einem Verfahren nach § 17 Abs. 2 AGG iVm § 23 Abs. 3 S. 1 BetrVG erneut – diesmal gegen die gerichtlich bestätigte Pflicht verstößt – wird dieses Verhalten dann gemäß § 17 Abs. 2 S. 1 AGG, § 23 Abs. 3 S. 2 bis 5 BetrVG durch Ordnungs- oder Zwangsgeld sanktioniert. Die Wiederholungsgefahr ist damit im Rahmen des Erkenntnisverfahrens nach § 17 Abs. 2 S. 1 AGG nicht erforderlich. Sie ist der Norm aber insofern immanent,

---

368 *Bauer/Göpfert/Krieger*, § 3 Rn 29; Däubler/Bertzbach-*Schrader/Schubert*, § 3 Rn 40., 52 ff.
369 *Bauer/Göpfert/Krieger*, § 3 Rn 29; Däubler/Bertzbach-*Schrader/Schubert*, § 3 Rn 63,
370 *Bauer/Göpfert/Krieger*, § 5 Rn 5.
371 Allerdings werden Verstöße gegen das Verbot unmittelbarer Benachteiligungen in der Regel nicht offensichtlich sein, so dass die Grobheit des Verstoßes entfällt.
372 *Adomeit/Mohr* § 17 Rn 12; Schieck-*Kocher*, § 17 Rn 23; Schleusener/Suckow/Voigt-*Schleusener*, § 17 Rn 15, der aber davon ausgeht, dass bereits ein einmaliger grober Verstoß in der Regel die Wiederholungsgefahr indiziert.
373 Schleusener/Suckow/Voigt-*Schleusener*, § 17 Rn 15;

weil erst die Nichtbeachtung der Signalwirkung des Erkenntnisverfahrens, mit der dem Arbeitgeber deutlich gemacht wird, dass künftige Verstöße nicht toleriert werden, also die Wiederholung des gesetzeswidrigen Verhaltens, das Vollstreckungsverfahren in Gang zu setzen vermag. Damit hat es der Arbeitgeber selbst in der Hand, sein Verhalten in Zukunft gesetzeskonform zu gestalten. Würde schon zur Einleitung des Erkenntnisverfahrens Wiederholungsgefahr vorliegen müssen, könnte der Arbeitgeber mehrfach gegen das Benachteiligungsverbot verstoßen, ohne dass ihm eine Sanktionierung droht. Dies ist ersichtlich weder für das Verfahren nach § 17 Abs. 2 AGG noch für das des § 23 Abs. 3 BetrVG gewollt.

4. Rechtsirrtum des Arbeitgebers unbeachtlich

Vereinzelt wird die Ansicht vertreten, ein Rechtsirrtum des Arbeitgebers schließe einen groben Verstoß selbst dann nicht aus, wenn der Arbeitgeber in einer schwierigen und ungeklärten Rechtsfrage nach einer vertretbaren Rechtsansicht handele und diese verteidige, weil ein solcher Irrtum den Arbeitgeber privilegiere und niemand sich auf Unkenntnis des AGG berufen könne.[374] Richtig hieran ist zwar, dass der Arbeitgeber sich über die Regelungen des AGG informieren und die hierzu ergangene Rechtsprechung beachten muss.

Allerdings erscheint gerade für das AGG zweifelhaft, ob dem Arbeitgeber ein rechtsfehlerfreies Verhalten abverlangt werden kann. Denn die erheblichen gesetzgeberischen Mängel im Hinblick auf die Verzahnung des AGG mit dem bestehenden Arbeitsrecht führen – wie auch diese Arbeit belegt – zu vielfältigen und komplexen Meinungsverschiedenheiten, deren höchstrichterliche Klärung noch aussteht. Insofern ist der schon zu § 23 Abs. 3 BetrVG entwickelten Ansicht zu folgen, wonach Rechtsirrtümer nur dann beachtlich sind, wenn der Arbeitgeber einen abwegigen Rechtsstandpunkt einnimmt oder wegen fehlender Informationen die Gesetzeslage oder die höchstrichterliche Rechtsprechung verkennt.[375]

---

374 So Däubler/Bertzbach-*Buschmann*, § 17 Rn 22. A.A. Schiecker-*Kocher*, § 17 Rn 21; *Adomeit/Mohr* § 17 Rn 9; Schleusener/Suckow/Voigt-*Schleusener*, § 17 Rn 12; MüKo-*Thüsing*, § 17 Rn 9.
375 *Fitting*, § 23 Rn 63; st. Rechtsprechung zu § 23 Abs. 3 BetrVG, vgl. nur: BAG Beschl. v. 14. November 1989 – 1 ABR 87/88 – NZA 1990, 357 ff.; Beschl. v. 29. April 2004 – 1 ABR 30/02 – NZA 2004, 670 ff.

V. Die Beweislastregelung des § 22 AGG

Die Anwendung der Beweislastregelung des § 22 AGG im Rahmen des § 17 Abs. 2 AGG wird überwiegend gänzlich abgelehnt[376], teilweise nur für den Fall des *non liquet* angenommen[377] und vereinzelt uneingeschränkt befürwortet.[378]

Im Wesentlichen werden die folgenden Argumente gegen die Anwendung des § 22 AGG ins Feld geführt, die auf ihre Stichhaltigkeit hin zu überprüfen sind: Die Norm sei für das Urteilsverfahren und die mit ihm verfolgten Individualrechte des § 7 Abs. 1 AGG konzipiert[379], nicht für das Beschlussverfahren.[380] § 17 Abs. 2 AGG verweise auf § 23 Abs. 3 BetrVG, der ebenfalls keine Beweiserleichterung kenne.[381] Hinzu komme, dass der Gesetzgeber bei der Gestaltung des § 17 Abs. 2 AGG anders als bei der Abfassung des § 16 Abs. 3 AGG gerade nicht auf den § 22 AGG verwiesen habe.[382] Im Gegenteil habe der Entwurf eines Antidiskriminierungsgesetzes 2005 noch einen ausdrücklichen Verweis auf die Beweislastregelung des § 22 AGG vorgesehen, die dann aber mit dem Entwurf zum AGG gestrichen worden sei.[383] Zudem sei eine solche Beweislastregelung europarechtlich nicht geboten[384] und entwerte die Einschränkung des Unterlassungsanspruchs, die mit der Statuierung einer „groben Pflichtverletzung" bezweckt wurde[385].

1. Konzipierung für das Urteilsverfahren

Richtig hieran ist zunächst, dass § 22 AGG im arbeitsrechtlichen Anwendungsbereich die Vorgaben von Art. 8 der RL 2000/43/EG und Art. 10 der RL 2000/78/EG

---

376 Gegen eine Anwendung des § 22 AGG: *Bauer/Göpfert/Krieger*, § 17 Rn 28; *Adomeit/Mohr* § 17 Rn 19; *Besgen/Roloff*, NZA 2007, 670, 673; *Besgen*, BB 2007, 213, 215.
377 *Däubler/Bertzbach/Buschmann*, § 17 Rn 31; *Schieck-Kocher*, § 17 Rn 32.
378 Rust/Falke-*Falke*, § 22 Rn 31, allerdings ohne Begründung.
379 *Adomeit/Mohr* § 17 Rn 19; *Besgen*, BB 2007, 213, 215.
380 *Besgen*, BB 2007, 213, 215, der insoweit von einer faktischen Aufhebung des Amtsermittlungsgrundsatzes des § 83 Abs. 1 S. 1 ArbGG spricht. Dazu noch sogleich unten.
381 *Adomeit/Mohr* § 17 Rn 19; *Besgen*, BB 2007, 213, 215.
382 *Bauer/Göpfert/Krieger*, § 17 Rn 28; *Adomeit/Mohr* § 17 Rn 19; *Besgen*, BB 2007, 213, 215; *Wendling-Schröder/Stein*, § 17 Rn 47.
383 *Schieck-Kocher*, § 17 Rn 32.
384 *Adomeit/Mohr* § 17 Rn 19; *Besgen*, BB 2007, 213, 215.
385 *Adomeit/Mohr* § 17 Rn 19.

umsetzen soll[386] und dem Wortlaut nach für das Individualverfahren im Urteilsprozess entwickelt wurde: Die Norm spricht von „Parteien" (eines Urteilsverfahrens) und nicht von „Antragstellern" (eines Beschlussverfahrens, das durch den § 17 Abs. 2 AGG in Verbindung mit dem § 23 Abs. 3 BetrVG eingeleitet wird). Dies deutet darauf hin, die Beweiserleichterung im Rahmen des § 17 Abs. 2 AGG außer Betracht zu lassen.

2. Vergleich mit § 16 Abs. 3 AGG

In diese Richtung scheint auch die von § 16 Abs. 3 AGG ausdrücklich, nicht aber von § 17 (Abs. 2) AGG angeordnete Verweisung auf den § 22 AGG abzuzielen.[387] Allerdings sollen im Rahmen des § 17 Abs. 2 AGG explizit auch Verstöße gegen das Benachteiligungsverbot geltend gemacht werden können.[388] Insoweit ist die Beweislage des § 17 Abs. 2 AGG mit der von § 22 AGG vorausgesetzten (nämlich der des § 7 Abs. 1 AGG) vergleichbar, da in beiden Fällen zunächst der Vollbeweis für eine ungünstigere Ungleichbehandlung und Indizien, die auf ein diskriminierendes Motiv schließen lassen, erbracht werden müssen, ehe die Beweiserleichterung zur Anwendung kommt. Dem gegenüber ist die von § 16 Abs. 1 und Abs. 2 AGG in Bezug genommene Tatsachengrundlage eine andere, weshalb § 16 Abs. 3 AGG die Anwendung von § 22 AGG ausdrücklich anordnen muss: Denn ein Verstoß gegen das Maßregelungsverbot des § 16 AGG ist nicht notwendigerweise ein Verstoß gegen das Benachteiligungsverbot des § 7 Abs. 1 AGG. Der von § 16 Abs. 1 oder Abs. 2 AGG Betroffene muss nämlich nicht „Indizien beweis[en], die eine Benachteiligung wegen eines in § 1 AGG genannten Grundes vermuten lassen", sondern Indizien, die einen Verstoß gegen das Maßregelungsverbot vermuten lassen. Da der Betriebsrat im Rahmen des § 17 Abs. 2 AGG aber gerade auch Verstöße gegen das Benachteiligungsverbot geltend machen kann, ist insoweit eine gesonderte Anwendung des § 22 AGG gar nicht erforderlich. Die Verweisung des § 16 Abs. 3 AGG spricht daher nur insoweit gegen eine Anwendung des § 22

---

386 BT-Drucks. 16/1780, S. 47. Darüber hinaus dient § 22 AGG auch der Umsetzung von Art. 10 der Gleichbehandlungsrichtlinie wegen des Geschlechts ausserhalb der Arbeitswelt RL 2004/113/EG.
387 *Bauer/Göpfert/Krieger*, § 17 Rn 28; *Adomeit/Mohr* § 17 Rn 19.
388 Siehe dazu ausführlich oben, S. 84 ff.

AGG als über den § 17 Abs. 2 AGG nicht Verstöße gegen das Benachteiligungsverbot, sondern solche gegen Organisationspflichten geltend gemacht werden.

3. Kein europarechtliches Gebot

Hierfür können auch die europarechtlichen Vorgaben der oben erwähnten Richtlinien ins Feld geführt werden. Richtig ist zwar, dass das Verfahren nach § 17 Abs. 2 AGG eine nationale Besonderheit ist und eine Beweiserleichterung für dieses Verfahren daher europarechtlich nicht geboten ist.[389] Für Verletzungen des Benachteiligungsverbotes bestimmen die o.g. Richtlinien indes *expressis verbis* Beweiserleichterungen für „Verbände, Organisationen oder andere juristische Personen, die gemäß den in ihrem einzelstaatlichen Recht festgelegten Kriterien ein rechtmäßiges Interesse daran haben, für die Einhaltung der Bestimmung dieser Richtlinie zu sorgen (…)".[390] Der Betriebsrat ist weder Verband, noch Organisation im Sinne der Vorschrift[391], noch juristische Person[392]. Würde dem Betriebsrat jedoch eine entsprechende Rechtsstellung im Sinne der Richtlinien nicht eingeräumt, hätte dies zur Folge, dass Beweiserleichterungen zwar der Gewerkschaft (als von den Richtlinien ausdrücklich angesprochener Verband) zu Gute kämen, nicht aber dem Betriebsrat als nach nationalem Recht bestimmter Interessenvertreter[393] der Arbeitnehmerschaft.[394] Werden demnach Verbänden Beweiserleichterungen eingeräumt, so müssen diese auch für den Betriebsrat gelten.

---

389 *Adomeit/Mohr*, § 17 Rn 19; *Wendeling-Schröder/Stein*, § 17 Rn 47.
390 So etwa Art. 10 Abs. 4 iVm Art. 9 Abs. 2 der RL 2000/78/EG und Art. 8 Abs. 4 iVm Art. 7 Abs. 2 der RL 2000/43/EG.
391 Die Richtlinien haben hier insbesondere Nichtregierungsorganisationen (sog. NGOs) im Blick, vgl. etwa Art. 14 der RL 2000/43/EG.
392 Zur fehlenden Rechtssubjektivität des Betriebsrats ausführlich: Richardi-*Richardi*, Einleitung Rn 108 ff.
393 Vorbehaltlich einer entsprechenden Betriebsratswahl.
394 Hierauf weist auch Däubler/Bertzbach-*Buschmann*, § 17 Rn 31 hin.

4. Amtsermittlungsgrundsatz

Damit ist aber noch nicht gesagt, dass diese Beweiserleichterung für Verbände auch für das hier untersuchte Verfahren nach § 17 Abs. 2 AGG gilt. Denn zu Recht wird darauf hingewiesen, dass der Erwägungsgrund (32) der RL 2000/78/EG ein Absehen von der Implementierung von Beweislastregelungen ermöglicht in Verfahren, in denen der Amtsermittlungsgrundsatz gilt,[395] wie etwa im arbeitsgerichtlichen Beschlussverfahren gem. § 83 Abs. 1 S. 1 ArbGG. Der nationale Gesetzgeber war daher europarechtlich nicht gehalten, für das Verfahren des § 17 Abs. 2 AGG eine besondere Beweislastregelung zu schaffen. Führt man sich nun vor Augen, dass im Vorentwurf zum AGG, dem ADG-E, eine dem § 16 Abs. 3 AGG entsprechende Verweisung existierte, die nicht in das AGG aufgenommen wurde, dann ist diese bewusste – und richtlinienkonforme - Entscheidung des Gesetzgebers zu respektieren.

5. *Ergebnis*

Diese Entscheidung kann auch nicht dadurch konterkariert werden, dass die Regelung des § 22 AGG nur für den Fall des *non liquet* gelten soll.[396] Denn auch im arbeitsgerichtlichen Beschlussverfahren gilt der Grundsatz der objektiven Beweislast,[397] der einer Partei das Risiko des Prozessverlustes wegen Nichterweislichkeit der ihr Begehren tragenden Tatsachen aufbürdet.[398] Dies war dem Gesetzgeber bekannt, als er die Beweislastregelung des Vorentwurfs nicht in das AGG übernahm. Die Beweislastregel des § 22 AGG ist damit im Rahmen des § 17 Abs. 2 AGG nicht anwendbar.

---

395 *Adomeit/Mohr,* § 17 Rn 19.
396 So aber Schieck-*Kocher,* § 17 Rn 32 und Däubler/Betzbach-*Buschmann,* § 17 Rn 31.
397 Schwab/Weth-*Weth,* § 83 Rn 23. Zur objektiven Beweislast BGH Urt. v. 9. Januar 1996 – VI ZR 94/95 – NJW 1996, 1059.
398 BGH Urt. v. 9. Januar 1996 – VI ZR 94/95 – NJW 1996, 1059

VI. Einstweiligen Verfügung

Schließlich wird kontrovers diskutiert, ob der Betriebsrat die Rechte aus § 17 Abs. 2 AGG im Wege einer einstweiligen Verfügung geltend machen kann.[399] Die im Rahmen dieser Kontroverse ausgetauschten Argumente sind überwiegend aus einem Diskurs zu § 23 Abs. 3 BetrVG übernommen worden, mit der Begründung, die zukunftsorientierte Sicherung gesetzeskonformen Verhaltens, die mit § 17 Abs. 2 AGG verfolgt werde, sei identisch mit dem insoweit verfolgten Zweck des §23 Abs. 3 BetrVG.[400] Der Streit um die Zulässigkeit der einstweiligen Verfügung im Rahmen des § 23 Abs 3 BetrVG wird mit Blick auf die §§ 85 Abs. 2 ArbGG, 935 ff. ZPO geführt und betrifft im Wesentlichen die Frage, ob § 23 Abs. 3 BetrVG ein Verfügungsanspruch darstellt.[401]

Dieser Streit lässt sich freilich nur dann auf § 17 Abs. 2 AGG übertragen, wenn die Norm keinen Verfügungsanspruch des Betriebsrats beinhaltet. Ist § 17 Abs. 2 AGG bereits als Verfügungsanspruch zu qualifizieren, dann kann er auch im vorläufigen Rechtsschutz verfolgt werden. Ein Verfügungsanspruch ist ein subjektives Recht, dessen Verwirklichung durch die einstweilige Verfügung gesichert werden soll.[402] § 17 Abs. 2 AGG würde dann jedenfalls keinen solchen Anspruch des Betriebsrats darstellen, wenn dieser aus einem anderen Rechtsgrund zum Vorgehen gegen den Arbeitgeber berechtigt wäre und § 17 Abs. 2 AGG nur der Sicherung dieses Anspruchs für die Zukunft dienen soll.

Wie oben ausführlich dargelegt,[403] berechtigt § 17 Abs. 2 AGG den Betriebsrat auch zum Vorgehen bei groben Verstößen gegen den § 7 Abs. 1 AGG. § 7 Abs.

---

399 Für das Vorgehen im Wege einer einstweiligen Verfügung sind: *Däubler/Bertzbach-Buschmann*, § 17 Rn 30; Schleusener/Suckow/Voigt-*Schleusener*, § 17 Rn 7; *Fitting*, BetrVG,§ 23 BetrVG Rn 114; *Wendeling-Schröder/Stein*, § 17 Rn 49. Dagegen sind: *Adomeit/Mohr*, § 17 Rn 20; *Thüsing*, Rn 625; MüKo-*Thüsing*, § 17 Rn 18; *Besgen/Roloff*, NZA 2007, S. 670, 674; *Meine/ Heyn/Herms*, § 17 Rn 22; *Bauer/Göpfert/Krieger*, § 17 Rn 26. Beide Ansichten verweisen überwiegend auf den zu § 23 Abs. 3 BetrVG geführten Streit, insbesondere auf die Entscheidungen des LAG Düsseldorf, Beschluss vom 16.05.1990 – 12 Ta BV 9/90 –, NZA 1991, 29 (für eine einstweilige Verfügung im Rahmen des § 23 Abs. 3 BetrVG) und des LAG Köln, Beschluss vom 22.04.1985 – 6 TaBV 5/85 – NZA 1985, 634 (dagegen).
400 *Bauer/Göpfert/Krieger*, § 17 Rn 26 mwN.
401 Vgl. etwa Richardi-*Thüsing*, § 23 Rn 103 mwN.
402 Zöller-*Vollkommer*, § 935 Rn 6.
403 Siehe oben S. 84 ff.

1 AGG ist aber keine subjektive Anspruchsgrundlage – weder für den Betriebsrat, noch für den betroffenen Beschäftigten. Zwar kann der Arbeitnehmer bei einem Verstoß gegen § 7 Abs. 1 AGG im Wege des Unterlassungsanspruchs vorgehen. Die einschlägigen Anspruchsgrundlagen hierfür sind aber dem bürgerlichen Recht zu entnehmen.[404] Diese stehen allerdings dem Betriebsrat in seiner begrenzten Rechtsstellung als „Rechtssubjekt im Wirkungskreis"[405] nicht zu. Die dem Betriebsrat vom Gesetzgeber eingeräumte Möglichkeit, die Unterlassung grob benachteiligenden Verhaltens verlangen und durchsetzen zu können, muss ihre materielle Grundlage folglich im § 17 Abs. 2 AGG haben. Die Norm gibt dem Betriebsrat mithin ein materielles Anspruchsrecht und damit einen Verfügungsanspruch.

Nachzuweisen bliebe dann im Einzelfall der Verfügungsgrund. Ein solcher wäre jedenfalls dann anzunehmen, wenn mit einem Eilverfahren die effektive Sicherung des Rechts des Betriebsrats auf künftige Gesetzeskonformität erreicht werden könnte.

---

404 Zu denken ist etwa an § 823 Abs. 2 BGB in Verbindung mit § 7 Abs. 1 AGG.
405 Richardi-*Richardi*, Einleitung Rn 108 ff.

VII. Ergebnis

§ 17 Abs. 2 AGG verweist auf die Rechtsfolgen des § 23 Abs. 3 BetrVG. Obwohl es sich bei den Streitigkeiten des § 17 Abs. 2 AGG nicht um Angelegenheiten des Betriebsverfassungsgesetzes im Sinne des § 23 Abs. 3 BetrVG handelt, sind die Streitigkeiten gemäß § 2a Nr. 1 ArBGG aufgrund der beteiligten Akteure im Beschlussverfahren zu entscheiden. Materiell ist ein kollektiver Bezug des Pflichtenverstoßes nicht gesondert zu prüfen, weil eine grobe und offensichtlich schwerwiegende Diskriminierung die gute Ordnung des Betriebs stört und der Kollektivbezug damit vom Gesetzgeber schon vorgegeben wurde. Eine Wiederholungsgefahr ist nicht zu verlangen. Rechtsirrtümer des Arbeitgebers sind beachtlich. § 22 AGG findet keine Anwendung, einstweilige Verfügungen sind aber möglich.

Teil 4

Beschwerderecht und Beschwerde-verfahren des § 13 AGG

Die einzige andere Norm des AGG, die den Betriebsrat direkt adressiert, ist § 13 Abs. 2 AGG. Dort heißt es lapidar: „Die Rechte der Arbeitnehmervertretungen bleiben unberührt."

Nach § 13 Abs. 1 S. 1 AGG haben die Beschäftigten das Recht, sich bei der zuständigen Stelle des Betriebs, des Unternehmens oder der Dienststelle zu beschweren, wenn sie sich benachteiligt fühlen.[406] Eine solche Beschwerde ist gem. § 13 Abs. 1 S. 2 AGG zu prüfen und das Ergebnis ist dem oder der die Beschwerde führenden Beschäftigen mitzuteilen. In mitbestimmungsrechtlicher Hinsicht ist nahezu alles umstritten, was im Zusammenhang mit der Errichtung, der organisatorischen Ansiedlung und Besetzung der Beschwerdestelle und dem Beschwerdeverfahren steht. Dementsprechend hat es um die Beteiligungsrechte des Betriebsrats nach dieser Vorschrift bereits gerichtliche Auseinandersetzungen gegeben,[407] wenngleich eine höchstrichterliche Entscheidung noch aussteht.

Wie schon erwähnt wird der Betriebsrat lediglich in § 13 Abs. 2 AGG ausdrücklich angesprochen. Nach der Gesetzesbegründung soll die Vorschrift klarstellen, dass die Rechte des Betriebsrats aus dem in § 85 BetrVG geregelten Beschwerdeverfahren weiterhin bestehen bleiben und keine Abänderung durch das AGG erfahren.[408] Damit steht zwar fest, dass das Beschwerderecht des § 13 Abs. 1 S. 1 AGG neben dem aus § 85 BetrVG besteht.

Darüber hinaus gibt diese Norm jedoch weder (ausdrückliche) Auskunft über das Verhältnis dieser Vorschriften und der des § 84 BetrVG zu einander, noch darüber, ob und inwieweit der Betriebsrat im Rahmen des § 13 Abs. 1 AGG zu beteiligen ist. Zunächst werden deshalb die §§ 84, 85 BetrVG skizziert, unten (I.), um sodann auf die einzelnen Beteiligungsmöglichkeit im Rahmen des § 13 AGG einzugehen. Dabei eröffnet die Norm in mitbestimmungsrechtlicher Hinsicht grundsätzlich drei Beteiligungsmöglichkeiten, die auf ihre Zulässigkeit hin zu untersuchen sind:

---

406 *Thüsing*, Rn 583.
407 ArbG Hamburg Beschl. v. 20. Februar 2007 -9 BV 3/07 – , BB 2007, 779 ff.; LAG Hamburg Beschl. v. 17. April 2007 – 3 TaBV 6/07 – NZA-RR 2007, 413, 414 = BB 2007, 2070ff.; LAG Hessen Beschl. v. 8. Mai 2007 – 4 TaBV 70/07 – NZA-RR 2007, 637 ff.; LAG Rheinland-Pfalz Beschl.v. 17. April 2008 – 9 TaBV 9/08 – ‚BeckRS 2008, 54145; Zur Frage, ob Beteiligungsrechte des Personalrats bestehen: VG Frankfurt a.M., Beschl. v. 10. September 2007 – 23 L 2100/07 – NZA-RR 2008, 55 ff.
408 BT-Drucks. 16/1780, S. 37.

- Das „Ob" der Errichtung einer Beschwerdestelle.
- Deren organisatorische Ansiedlung und Besetzung. In diesem Zusammenhang wird auch unterschiedlich beurteilt, ob der Betriebsrat zuständige Stelle im Sinne des § 13 AGG sein kann und ob der Arbeitgeber verpflichtet ist, eine Stelle im Sinne des § 13 zu benennen.
- Das Beschwerdeverfahren.

Soweit ersichtlich wird eine Mitbestimmungspflicht hinsichtlich des „Ob" der Errichtung einer Beschwerdestelle nicht angenommen.[409] Es handelt sich bei der Benennung einer Stelle, die Beschwerden entgegennimmt um schlichten Gesetzesvollzug, der dem Arbeitgeber kein Ermessen einräumt. Damit ist für ein Mitbestimmungsrecht bzgl. der Errichtung der Beschwerdestelle kein Raum, da das Handeln des Arbeitgebers determiniert ist.[410]

---

[409] Für die Rechtsprechung: ArbG Hamburg Beschl. v. 20. Februar 2007 -9 BV 3/07 – , BB 2007, 779 ff.; LAG Hamburg Beschl. v. 17. April 2007 – 3 TaBV 6/07 – NZA-RR 2007, 413, 414 = BB 2007, 2070 ff.; LAG Hessen Beschl. v. 8. Mai 2007 – 4 TaBV 70/07 – NZA-RR 2007, 637 ff.; LAG Rheinland-Pfalz Beschl.v. 17. April 2008 – 9 TaBV 9/08 – ‚BeckRS 2008, 54145. Zur Frage, ob ein Mitbestimmungsrecht des Personalrats besteht: VG Frankfurt a.M., Beschl. v. 10. September 2007 – 23 L 2100/07 – NZA-RR 2008, 55 ff. Für die Literatur: *Mohr,* BB 2007, 2074 f.; *Ehrich/Frieters,* DB 2007, 1026; *Thüsing,* Rn 587; *Gach/Julis,* BB 2007, 773, 774; *Westhauser/Sediq,* NZA 2008, 78, 79; *Meinel/Heyn/ Herms,* § 13 Rn 16; *Däubler/Bertzbach-Buschmann,* § 13 Rn 18a; *Oetker,* NZA 2008, 264, 266 f.; *Besgen,* BB 2007, 213, 214; *Adomeit/Mohr,* § 13 Rn 15; *Bissels/Lützeler,* BB 2008, 666, 670; *Ueckert,* BB 2007, 781; *Grobys,* NJW 2006, 2950, 2952. Wohl auch: *Bauer/Göpfert/Krieger,* § 13 Rn 21; Schieck- *Kocher;* § 13; Schleusner/Suckow/Voigt-*Schleusener,* § 13 Rn 11 – 14, die ihre Ablehnung des Mitbestimmungsrechts zwar nicht explizit äußern, deren Ausführungen aber inzident entnommen werden kann, dass bzgl. des „Ob" kein mitbestimmungspflichtiger Tatbestand vorliegt, weil sie einen solchen nur bzgl. des Verfahrens überhaupt erwägen.

[410] LAG Hamburg Beschluss vom 17. April 2007 – 3 TaBV 6/07 – NZA-RR 2007, 413, 415. Dies ergibt sich aus § 87 Abs. 1 Einleitungssatz BetrVG, dem insoweit ein allgemeiner Rechtsgedanke zu entnehmen ist, vgl. etwa DKK-*Buschmann,* § 98 Rn 3: Ein Mitbestimmungsrecht besteht immer nur, soweit gesetzliche Regelungen dem Arbeitgeber einen Gestaltungsspielraum belassen.

I. Die Beschwerderechte der Betriebsverfassung

Wie schon angerissen, kennt auch das Betriebsverfassungsgesetz zwei Beschwerderechte der Arbeitnehmer. Diese in §§ 84, 85 BetrVG geregelten Verfahren können eingeleitet werden, wenn der Arbeitnehmer sich benachteiligt fühlt,[411] Überschneidungen mit dem AGG sind damit vorprogrammiert. Denn der Betroffene kann sich an die gemäß § 84 BetrVG „zuständige Stelle" des Betriebs wenden, er kann die „zuständige Stelle" im Sinne des § 13 AGG anrufen und er hat das Recht die Beschwerde aus § 85 BetrVG beim Betriebsrat anzubringen. Da in allen drei Verfahren „gefühlte Benachteiligungen"[412] geltend gemacht werden können, müssen die Normen auf Übereinstimmungen und Differenzen hin untersucht werden, um zu ermitteln, ob der Arbeitgeber eine Stelle (etwa den Betriebsrat) für alle drei Verfahren einsetzen kann oder muss oder ob er verschiedene Stellen zu gewährleisten hat.

Im Rahmen des § 13 AGG wird vertreten, der Betriebsrat könne „zuständige Stelle" sein.[413] Fraglich ist daher, ob der Betriebsrat auch mit dem Verfahren des § 84 BetrVG befasst werden kann. Jedenfalls aber ist der Betriebsrat nach § 85 BetrVG für die Entgegennahme von Beschwerden zuständig. Auch insoweit können sich folglich Abgrenzungsschwierigkeiten zu § 13 AGG ergeben. Zum Vorverständnis für die sich anschließende Diskussion sind daher zunächst die Beschwerderechte aus dem BetrVG zu skizzieren:

---

411 Die Norm kennt darüber hinaus noch die ungerechte Behandlung und die Beeinträchtigung in sonstiger Weise, § 84 BetrVG. Das Recht des Arbeitnehmers, sich zu beschweren ist im Hinblick auf die Beschwerdeangelegenheiten umfassend und ergibt sich bereits aus der Treuepflicht des Arbeitgebers. Es gilt deshalb auch in Betrieben, die nicht betriebsratsfähig sind. Vgl. dazu ausführlich Richardi-*Thüsing,* § 84 Rn 2, 4 und 6. Ausgeschlossen ist allerdings die Popularbeschwerde, die zwar eingelegt werden kann, die das Beschwerdeverfahren aber nicht auslöst. Allgemeine Missstände muss der Arbeitnehmer daher gem. § 80 Abs. 1 Nr. 3 BetrVG gegenüber dem Betriebsrat vorbringen. Vgl. dazu DKK-*Buschmann,* § 84 Rn 7.
412 Ausdruck bei *Mohr,* BB 2007, 2074.
413 So etwa: *Bauer/Göpfert/Krieger* § 13 Rn 6, die vom Betriebsrat als „geborener Beschwerdestelle" sprechen; Däubler/Bertzbach-*Buschmann,* § 13 Rn 18a; a.A. Schleusener/Suckow/Voigt-*Suckow,* Rn 14; *Oetker,* NZA 2008, 264, 266 f.

1. Das Beschwerderecht nach § 84 BetrVG

Das Beschwerderecht des § 84 BetrVG ist als Individualrecht der Arbeitnehmer materiell nicht Teil der Betriebsverfassung und konkretisiert die Treue- und Fürsorgepflicht des Arbeitgebers.[414] Es dient der innerbetrieblichen Streitbeilegung und muss damit notwendig in inhaltlichem Zusammenhang mit dem Arbeitsverhältnis stehen; in diesem Rahmen ist es aber bzgl. des Beschwerdegegenstandes umfassend.[415] Der inhaltliche Zusammenhang mit dem Arbeitsverhältnis schränkt auch die Bezugssubjekte ein: Dritte werden als Beschwerdesubjekte von § 84 BetrVG ebenso wenig erfasst wie die Amtstätigkeit des Betriebsrats: Diese kann nicht Gegenstand einer Beschwerde sein, denn der Arbeitgeber hat keine Befugnis, auf sie einzuwirken, kann folglich keine Abhilfe schaffen.[416]

a. Zuständige Stelle

Die „zuständige Stelle" zur Entgegennahme der Beschwerde im Sinne dieser Vorschrift wird deshalb durch den organisatorischen Aufbau des Betriebes festgelegt: In der Regel ist der unmittelbare Vorgesetzte des Beschwerdeführers Beschwerdestelle, es sei denn die Beschwerde richtet sich gegen diesen selbst; in dem Fall ist die Beschwerde beim nächsthöheren Vorgesetzten einzulegen.[417]

Allerdings kann der Arbeitgeber im Rahmen des § 84 BetrVG eine zur Entgegennahme zuständige Stelle auch bestimmen, sofern er dadurch nicht willkürlich die Rechtsausübung der Arbeitnehmer erschwert.[418] Diese Stelle muss nicht notwendig diejenige Stelle sein, die die Beschwerde „behandelt", also prüft und bescheidet.[419] Diese kann der Arbeitgeber getrennt festlegen.[420] Der Arbeitgeber kann jedoch den Betriebsrat weder zur Entgegennahme, noch mit der Prüfung

---

414 Richardi-*Thüsing*, Vorbem zu § 81 Rn 1.
415 Vgl. oben Fn 411.
416 Richardi-*Thüsing*, § 84 Rn 10.
417 Unstreitig: *Fitting*, § 84 Rn 13; Richardi-*Thüsing*, § 84 Rn 11; DKK-*Buschmann*, § 84 Rn 12.
418 DKK-*Buschmann*, § 84 Rn 12; Richardi-*Thüsing*, § 84 Rn 12.
419 Richardi-*Thüsing*, § 84 Rn 12.
420 Richardi-*Thüsing*, § 84 Rn 12.

der Beschwerde betrauen.[421] Dies zum einen bereits deshalb, weil der Arbeitgeber nicht befugt ist, einseitig die Aufgaben des Betriebsrats zu erweitern.[422] Aber selbst wenn er im Einvernehmen mit dem Betriebsrat vorgehen würde, würde dies zum anderen die Rechte des Beschwerdeführers, ein Betriebsratsmitglied gemäß § 84 Abs. 1 S. 2 BetrVG hinzuziehen und den Betriebsrat als weiteres, zusätzliches Beschwerdeorgan gemäß § 85 BetrVG mit der Beschwerde zu befassen, unzulässig beschneiden. Denn diese zweigleisige Ausgestaltung der Beschwerdeverfahren der §§ 84, 85 BetrVG dient dabei auch dem allgemeinen Persönlichkeitsrecht des Arbeitnehmers, der selbst wählen kann, ob er lediglich seinen unmittelbaren Vorgesetzen oder das (unter Umständen aus mehreren Personen bestehende) Gremium Betriebsrat mit seinem Individualanliegen befassen möchte.

Ein Beteiligungsrecht des Betriebsrats an der zuständigen Stelle des § 84 BetrVG besteht nicht: Ihm ist gemäß § 85 BetrVG ein eigenes, zusätzliches Beschwerdeverfahren zugedacht, welches seine Rechte bei der Überprüfung von Individualbeschwerden der Arbeitnehmer ausreichend wahrt. Seine Beteiligung bei der Bestimmung der zuständigen Stelle im Rahmen des § 84 BetrVG wird mithin schon gar nicht diskutiert.

b. Verfahren

Regelungen über besondere Ermittlungsverfahren im Rahmen des Beschwerdeverfahrens unterliegen dagegen der Mitbestimmung gemäß § 87 Abs. 1 Nr. 1 BetrVG.[423] § 84 BetrVG kennt keine Beschwerdeform oder –frist; es handelt sich dementsprechend auch nicht um ein außergerichtliches Vorverfahren.[424] Der Arbeitgeber hat den Arbeitnehmer über die Behandlung der Beschwerde zu bescheiden, vgl. § 84 Abs. 2 BetrVG. Hieraus folgt, dass der Arbeitgeber die Beschwerde selbst prüfen oder prüfen lassen muss.[425] Er ist zur Bescheidung verpflichtet und im Falle der Berechtigung der Beschwerde muss er Abhilfe schaffen.

---

421 So auch *Worzalla*, NZA 1994, 1016, 1019, der Beschwerderecht des § 84 BetrVG von dem des BeschSchG abgrenzt.
422 BAG Beschl. v. 30.08.1995 – 1 ABR 4/95 – NZA 1996, 218.
423 BAG Beschl. v. 27. September 2005 – 1 ABR 32/04 – AP ZA-Nato-Truppenstatut Art. 56 Nr. 25.
424 Richardi-*Thüsing*, § 84 Rn 16. des Beschwerdeverfahrens nach § 13 AGG nachweist. Insofern sollte er die Schriftform wählen und einen Zugangsnachweis erwirken.
425 Nach *Fitting*, § 84 Rn 13 (24.Aufl.) kann der Arbeitnehmer für den Fall, dass seine Beschwerde erfolglos ist, den „Instanzenzug" bis zum Arbeitgeber beschreiten.

Der Beschwerdeführer hat – wie soeben angemerkt – das Recht ein Betriebsratsmitglied zur Unterstützung oder Vermittlung hinzuziehen, dieses unterliegt aber nur insofern einer Schweigepflicht, als das allgemeine Persönlichkeitsrecht des Arbeitnehmers zu schützen ist; ein Anspruch des Arbeitnehmers auf anonyme Behandlung der Beschwerde besteht nicht.[426]

2. Das Beschwerderecht des § 85 BetrVG

Der mögliche Beschwerdegegenstand des § 85 BetrVG ist nahezu identisch mit demjenigen des § 84 BetrVG,[427] auch insoweit können Benachteiligungen geltend gemacht werden; lediglich Rechtsansprüche können nicht im Verfahren nach § 85 BetrVG angebracht werden.[428] Ein Abhilfeanspruch im Falle einer Benachteiligung ist aber kein solcher Rechtsanspruch,[429] sonst würde das Verfahren gerade im Bereich des § 75 Abs. 1 BetrVG leerlaufen. Beschwerdestelle ist in diesem Verfahren zwingend der Betriebsrat. Dieser muss sich mit der Beschwerde befassen und über ihre Berechtigung beschließen.[430] Hält er die Beschwerde für berechtigt, hat er gemäß § 85 Abs. 1, 2. HS BetrVG beim Arbeitgeber auf Abhilfe hinzuwirken.[431] Bestehen zwischen Arbeitgeber und Betriebsrat über die Berechtigung Meinungsverschiedenheiten, kann der Betriebsrat die Einigungsstelle anrufen, § 85 Ab. 2 S. 1 BetrVG.[432] Hält er die Beschwerde nicht für berechtigt, muss er den Beschwerdeführer hierüber unter Angabe der Ablehnungsgründe unterrichten.[433]

---

426 *Fitting,* § 84 Rn 14, wobei darauf hingewiesen wird, dass aber auf keinen Fall das allgemeine Persönlichkeitsrecht des Arbeitnehmers verletzt werden dürfe.
427 *Fitting,* § 85 Rn 3; DKK-*Buschmann,* § 85 Rn 2 mwN.
428 *Wendeling-Schröder/Stein,* § 13 Rn 25.
429 Däubler/Bertzbach-*Däubler,* § 13 Rn 46 f.
430 *Fitting,* § 85 Rn 3.
431 Hierüber hat er den Arbeitnehmer gemäß § 80 Abs. 1 Nr. 1 BetrVG zu unterrichten.
432 Zur Anrufung und Entscheidung der Einigungsstelle ausführlich DKK-*Buschmann,* § 85 Rn 7 ff.; Richardi-*Thüsing,* § 85 Rn 14 ff.
433 Richardi-*Thüsing,* § 85 Rn 9; *Fitting,* § 85 Rn 3.

II. Mitbestimmung bei der personellen Besetzung der Beschwerdestelle

Der Gesetzgeber hat in § 13 AGG – ebenso wenig wie in § 84 BetrVG und in der früheren, dem § 13 AGG entsprechenden Regelung zum Beschäftigtenschutzgesetz (§ 3 BeschSchG) – nicht den Arbeitgeber zur Entgegennahme der Beschwerden verpflichtet, sondern die „zuständige Stelle" des Betriebs oder des Unternehmens.[434] Kollektivrechtlich sind im Zusammenhang mit der personellen Besetzung der Beschwerdestelle und ihrer organisatorischen Anbindung zwei Diskussionsgegenstände zu unterscheiden. Zum einen ist zu erörtern, ob der Betriebsrat an Besetzung und Ansiedlung zu beteiligen ist, zum anderen stellt sich die Frage, ob der Betriebsrat selbst beschwerdestellenfähig im Sinne des § 13 AGG ist und (ggf. einvernehmlich) vom Arbeitgeber mit dieser Aufgabe betraut werden kann.

1. Kein Beteiligungsrecht des Betriebsrats

Ein Beteiligungsrecht des Betriebsrats bei der organisatorischen Ansiedlung und der personellen Besetzung der Beschwerdestelle des § 13 AGG wird – wie oben bereits angedeutet – in der Gerichtsbarkeit[435] und der rechtswissenschaftlichen Literatur[436] kontrovers diskutiert, überwiegend aber abgelehnt. Da § 13 AGG selbst

---

434 Insoweit ist § 13 AGG weiter als die §§ 84 BetrVG, 3 BeschSchG. Die Möglichkeit, die „zuständige Stelle" auch im Unternehmen anzusiedeln, zeigt, dass nicht notwendig in jedem Betrieb eines Unternehmens eine solche Stelle zu schaffen ist, allerdings genügt eine unternehmensübergreifende „Konzernstelle" wohl auch nicht, vgl. hierzu auch *Oetker,* NZA 2008, 264, 266.

435 Nicht offensichtlich ausgeschlossen ist ein Beteiligungsrecht nach: LAG Hamburg Beschl. v. 17. April 2007 – 3 TaBV 6/07 – NZA-RR 2007, 413, 414 = BB 2007, 2070 ff.; LAG Hessen Beschl. v. 8. Mai 2007 – 4 TaBV 70/07 – NZA-RR 2007, 637 ff. Der ablehnende Beschluss des ArbG Hamburg Beschl. v. 20. Februar 2007 -9 BV 3/07 – , BB 2007, 779 ff. wurde insoweit vom LAG Hamburg a.a.O. abgeändert. Ein Beteiligungsrecht wird ebenfalls abgelehnt von: LAG Rheinland-Pfalz Beschl.v. 17. April 2008 – 9 TaBV 9/08 – ‚BeckRS 2008, 54145. Ablehnend auch bzgl. eines Mitbestimmungsrechts des Personalrats: VG Frankfurt a.M., Beschl. v. 10. September 2007 – 23 L 2100/07 – NZA-RR 2008, 55 ff.

436 Überwiegend abgelehnt von: Mohr, BB 2007, 2074 f.; Thüsing, Rn 587; Gach/Julis, BB 2007, 773, 774; Westhauser/Sediq, NZA 2008, 78, 79; Meinel/Heyn/Herms, § 13 Rn 16; Däubler/Bertzbach-Buschmann, § 13 Rn 18a; Oetker, NZA 2008, 264, 266 f.; Besgen, BB 2007, 213, 214; Adomeit/Mohr, § 13 Rn 15; Bissels/Lützeler, BB 2008, 666, 670; Ueckert,

keinerlei Beteiligung der Arbeitnehmervertretung vorsieht, könnte sich ein solches Beteiligungsrecht allenfalls aus dem BetrVG ergeben. Einzige in Betracht zu ziehende Norm ist die Mitbestimmung in sozialen Angelegenheiten gemäß § 87 Abs. 1 Nr. 1 BetrVG.[437]

Diese Vorschrift vermittelt dem Betriebsrat Mitbestimmungsbefugnisse bei tatsächlichen oder rechtlichen Maßnahmen des Arbeitgebers, die die allgemeine Ordnung des Betriebs und/oder das (Ordnungs-)Verhalten der Arbeitnehmer im Betrieb betreffen,[438] es sei denn, es besteht bereits eine gesetzliche oder tarifliche Regelung, § 87 Abs. 1 Eingangssatz BetrVG.[439] Der Betriebsrat ist an der Besetzung der Beschwerdestelle und ihrer organisatorischen Anbindung im Unternehmen folglich nur zu beteiligen, wenn es sich bei der Besetzung um eine der Ordnung des Betriebs dienende Maßnahme handelt und § 13 Abs. 1 AGG nicht abschließend im Sinne des § 87 Abs. 1 Eingangssatz BetrVG ist.

a. Keine Regelung zum Ordnungsverhalten

Maßnahmen zur Ordnung des Betriebs sind „verbindliche Verhaltensregelungen und sonstige Maßnahmen, die dazu dienen, das Verhalten der Arbeitnehmer, wel-

---

BB 2007, 781; Grobys, NJW 2006, 2950, 2952. Wohl auch: Bauer/Göpfert/Krieger, § 13 Rn 21; Schieck- Kocher; § 13; Schleusener/Suckow/Voigt-Schleusener, § 13 Rn 11 – 14. Ein Beteiligungsrecht angenommen wird von Ehrich/Frieters, DB 2007, 1026; Kamanabrou, RdA 2006, 321, 335. Auch ErfK-Schlachter, § 13 AGG Rn 2 spricht sich für ein Beteiligungsrecht aus, allerdings nur für den Fall, dass die Ausgestaltung des Verfahrens Befugnisse des Betriebsrats berührt. So wohl auch die vom LAG Hessen a.a.O. zitierten Nägele/Frahm ArbRB 2007, 140, 142.

437 Einhellige Ansicht, vgl. nur LAG Rheinland-Pfalz Beschl.v. 17. April 2008 – 9 TaBV 9/08 – ‚BeckRS 2008, 54145, II 2 b) bb) (2) der Gründe.

438 *Fitting*, § 87 Rn 62, 64 ff. Das Arbeitsverhalten wird – in teleologischer Reduktion des § 87 Abs. 1 Nr. 1 BetrVG – nicht von dem Mitbestimmungstatbestand erfasst, BAG Beschl. v. 11. Juni 2002 – 1 ABR 46/01 – NZA 2002, 1299. Gegenstand dieses Mitbestimmungsrechts aus § 87 Abs. 1 Nr. 1 BetrVG ist das betriebliche Zusammenleben und Zusammenwirken der Beschäftigten, das der Arbeitgeber kraft seiner Leitungsmacht durch das Aufstellen von Verhaltensregeln oder durch sonstige Maßnahmen beeinflussen und koordinieren kann. Im Rahmen des § 87 Abs. 1 Nr. 1 BetrVG ist daher zwischen mitbestimmungspflichtigem Ordnungsverhalten und mitbestimmungsfreiem Arbeitsverhalten zu unterscheiden, *Fitting*, § 87 Rn 63; LAG Hamburg Beschl. v. 17. April 2007 – 3 TaBV 6/07 – BB 2007, 2070, 2071 mwN zur Rechtsprechung.

439 Dazu schon oben Fn 410.

ches nicht reines Arbeitsverhalten ist, zu beeinflussen und zu koordinieren und mittels derer die Ordnung des Betriebs aufrechterhalten werden soll".[440]

Teilweise wird die personelle Besetzung der Beschwerdestelle mit der Begründung unter diese Definition subsumiert, mit der Besetzung einer Stelle werde beeinflusst, bei welcher Person oder Personengruppe der Arbeitnehmer sich beschweren müsse oder könne.[441] Alleine die Benennung einer Stelle, die mit der Entgegennahme (eventueller) Beschwerden befasst wird, regelt oder berührt das Verhalten der Arbeitnehmer aber nicht: Denn die Beschäftigten werden weder verbindlich dazu angehalten, Beschwerden einzulegen, noch gar die benannte Stelle mit ihrer Angelegenheit zu betrauen. Das „Ob" einer Beschwerde bleibt den Arbeitnehmern ebenso überlassen, wie das „bei wem". Denn das AGG schreibt dem Arbeitgeber zwar in § 12 Abs. 5 AGG die Benennung einer Stelle vor. Hieraus kann aber nicht der Umkehrschluss gezogen werden, damit dürfe sich ein Mitarbeiter auch nur dort beschweren.[442] Im Gegenteil: Zum einen stellt § 13 Abs. 2 AGG ausdrücklich klar, dass weiterhin die Möglichkeit besteht, den Betriebsrat gem. § 85 BetrVG mit der Angelegenheit zu betrauen. Zum anderen schließen die §§ 13, 12 Abs. 5 AGG nicht aus, dass sich der Arbeitnehmer an eine gänzlich andere Person seines Vertrauens wendet.[443] Damit zielt allein die Verlautbarung einer solchen Stelle nicht darauf ab, durch Ausübung von Leitungsmacht Einfluss auf das Verhalten der Arbeitnehmer zu nehmen oder dieses zu koordinieren.[444] Vielmehr kommt der Arbeitgeber lediglich seiner in § 12 Abs. 5 AGG statuierten Bekanntmachungspflicht nach. Die Entscheidung, wen der Arbeitgeber mit der

---

440 BAG Beschl. v. 27. Januar 2004 – 1 ABR 7/03 – NZA 2004, 556.
441 Das LAG Hamburg Beschl. v. 17. April 2007 – 3 TaBV 6/07 – NZA-RR 2007, 413, 414 = BB 2007, 2070 ff. vertritt die Auffassung, es „handele sich „im weitesten Sinne um eine Maßnahme (….) des § 87 Abs. 1 Nr. 1 BetrVG, so dass jedenfalls nicht „offensichtlich ausgeschlossen" sei, dass ein Beteiligungstatbestand vorliege. *Ehrich/Frieters,* DB 2007, 1026; *Kamanabrou,* RdA 2006, 321, 335; gehen – allerdings alle ohne weitere Begründung – von einem Mitbestimmungsrecht bei der personellen Besetzung aus.
442 Etwas anderes gilt allerdings dann, wenn der Arbeitgeber in einer Beschwerdeordnung Meldepflichten statuiert, denn diese stehen nicht mit dem Arbeitsverhalten in unmittelbaren Zusammenhang und greifen in das soziale Gefüge des Betriebs ein, *Müller-Bonanni/Sagan,* BB Special 5 zu BB 2008, Heft 25, 28, 31.
443 Das damit das Bescheidungsverfahren des § 13 Abs. 1 S. 2 AGG nicht initialisiert wird, mag in besonders sensiblen Bereichen wie der sexuellen Belästigung vielleicht sogar vom Opfer beabsichtigt sein, da gerade hier jede (auch betriebsinterne) Öffentlichkeit als weitere Demütigung empfunden werden kann.
444 So auch LAG Rheinland-Pfalz Beschl.v. 17. April 2008 – 9 TaBV 9/08 – ‚BeckRS 2008, 54145.

Entgegennahme von Beschwerden betraut, ist damit interne Organisationsentscheidung, die keinen Einfluss auf das Verhalten der Belegschaft nimmt.[445]

Daran vermag auch der Einwand nichts zu ändern, durch die Benennung der Beschwerdestelle könne der Arbeitgeber ein (eventuelles) Beteiligungsrecht des Betriebsrats bei der Regelung des Beschwerdeverfahrens leerlaufen lassen.[446] Sollte sich zeigen, dass die Ausgestaltung von Verfahrensregelungen mitbestimmungspflichtig ist, so kann das hierauf gerichtete Recht des Betriebsrats ohne weiteres ausgeübt werden. Die angeführte Rechtsansicht bleibt denn auch jedwede Erklärung dafür schuldig, wieso und wie eine solche Unterminierung der Rechte der Arbeitnehmervertreter von statten gehen soll. Die Benennung einer zuständigen Beschwerdestelle ist damit schon keine ordnungsverhaltenssteuernde Maßnahme im Sinne des § 87 Abs. 1 Nr. 1 BetrVG.

b. Vorrang des § 13 AGG

Darüber hinaus ist § 13 Abs. 1 AGG iVm § 12 Abs. 5 AGG aber auch abschließend im Sinne des § 87 Abs. 1 Einleitungssatz BetrVG.[447] Es wird zwar die Ansicht vertreten, § 13 Abs. 2 stelle einen vertretbaren Ansatz dar, nicht von einer abschließenden Regelung des § 13 Abs. 1 AGG auszugehen.[448] Dem § 13 Abs. 2 AGG kann aber lediglich entnommen werden, dass der *status quo* der Beschwerderechte des BetrVG erhalten bleiben sollte.[449] Dies spricht dafür, dass die Rechte der Arbeitnehmervertretung weder eingeschränkt noch erweitert werden sollten.[450] Hierfür lässt sich auch die Gesetzesbegründung fruchtbar machen, nach der

---

445 *Oetker,* NZA 2008, 264, 270; LAG Rheinland-Pfalz Beschl.v. 17. April 2008 – 9 TaBV 9/08 – ‚BeckRS 2008, 54145.
446 So aber *Ehrich/Frieters,* DB 2007, 1026, 1027.
447 Diese Einschränkung greift immer, soweit bereits eine gesetzliche Regelung besteht, weil die Interessen der Arbeitnehmer dann durch diese Vorschrift bereits ausreichend geschützt werden, *Fitting,* § 87 Rn 28.
448 LAG Hamburg Beschl. v. 17. April 2007 – 3 TaBV 6/07 – BB 2007, 2070, 2072.
449 LAG Hamburg Beschl. v. 17. April 2007 – 3 TaBV 6/07 – BB 2007, 2070, 2072.
450 *Westhauser/Sediq,* NZA 2008, 78, 79 f.; so auch für die regelungsähnliche Vorschrift des § 3 BeschSchG a.F.: *Worzalla,* NZA 1994, 1016, 1019. Die Vergleichbarkeit der Regelungen des § 3 BeschSchG a.F. mit der des § 13 AGG verdeutlicht auch die Gesetzesbegründung, BT-Drucks. 16/1780, S. 37: „...die Vorschrift [ist] entsprechend § 3 des Beschäftigtenschutzgesetz aufgenommen worden".

die Rechte des Betriebsrats nach § 85 BetrVG gewahrt bleiben sollen.[451] Ist aber eine Erweiterung der Rechte des Betriebsrats nicht vorgesehen, steht ihm insoweit auch keine Beteiligung an der Besetzung und der organisatorischen Anbindung der Beschwerdestelle gem. § 13 Abs. 1 AGG zu.

Der abschließende Charakter der Norm ergibt sich zudem aus § 12 Abs. 5 AGG, der – wie bereits erwähnt – die Pflicht des Arbeitgebers zur Bekanntmachung der Beschwerdestelle statuiert. Obwohl die Ansicht vertreten wird, dass ein Verstoß gegen die Pflichten des § 12 Abs. 5 AGG sanktionslos bleibt,[452] ist derzeit jedenfalls nicht auszuschließen, dass sich andere Sichtweisen entwickeln werden. Damit hätte es der Betriebsrat durch Verweigerung einer Einigung über die personelle Besetzung in der Hand, die Bekanntmachung der Beschwerdestelle zu verzögern und den Arbeitgeber zu einem Gesetzesverstoß zu zwingen. Dies ist weder im Interesse der Betroffenen, noch existiert hierfür ein mitbestimmungsrechtliches Bedürfnis: Das Beschwerdeverfahren des § 85 BetrVG bleibt bestehen und wahrt die Rechte der Arbeitnehmervertretung.

c. Zwischenergebnis

Die personelle Besetzung und die organisatorische Anbindung der Beschwerdestelle regeln das Ordnungsverhalten der Arbeitnehmer nicht. Die Entscheidung zur Beschwerde und bei wem die Beschwerde eingereicht wird, bleibt den Beschäftigten überlassen, die sich gemäß § 13 Abs. 2 AGG auch an den Betriebsrat wenden können. Ein Beteiligungsrecht an der insoweit abschließenden Vorschrift des § 13 AGG besteht mithin nicht.

2. *Keine Beschwerdestellenfähigkeit Betriebsrat*

Hiervon zu trennen ist die nicht einheitlich beurteilte Frage, ob der Betriebsrat als zuständige Beschwerdestelle eingesetzt werden kann.[453] Nach der Gesetzesbegründung ist der Begriff der „zuständigen Stelle" umfassend zu verstehen; be-

---

451 BT-Drucks. 16/1780, S. 37.
452 So etwa *Bauer/Göpfert/Krieger* § 12 Rn 43; *Meinel/Heyn/Herms*, § 12 Rn 29.
453 Dafür: Däubler/Bertzbach-*Buschmann*, § 13 Rn 18a; ErfK-*Schlachter*, § 13 AGG Rn 3; *Bauer/Göpfert/Krieger*, § 13 Rn 6; dagegen: Schleusener/Suckow/Voigt-*Suckow*, § 13 Rn 14; *Oetker*, NZA 2008, 264, 266.

nannt werden kann „ein Vorgesetzter, eine Gleichstellungsbeauftragte oder eine betriebliche Beschwerdestelle".[454] Weil der Wortlaut des § 85 BetrVG den Betriebsrat ausdrücklich als betriebliche Beschwerdestelle ausweist, steht die Gesetzesbegründung einer Benennung des Betriebsrat nicht entgegen.

Problematisch ist aber insoweit die schon oben im Rahmen des § 84 BetrVG diskutierte fehlende Rechtsmacht des Arbeitgebers, den Betriebsrat mit der Beschwerde zu befassen.[455] Fraglich könnte deshalb allenfalls noch sein, ob die Betriebsverfassungsparteien einvernehmlich beschließen könnten, den Betriebsrat mit dieser Aufgabe zu betrauen, da er ausweislich der §§ 75, 85 BetrVG grundsätzlich befähigt ist, sich mit Beschwerden über Benachteiligungen zu befassen.[456] Dies ist aber aus zwei Gründen unzulässig:

a. Keine Beeinträchtigung des Wahlrechts des Arbeitnehmers

Zum einen ist zu konstatieren, dass Beschwerden im Sinne des § 13 AGG auch hoch sensible, sogar intime Angelegenheiten wie den der sexuellen Belästigung betreffen können.[457] Die oben beschriebene „Zweigleisigkeit" der §§ 84, 85 BetrVG, die dem Arbeitnehmer ein Wahlrecht einräumen, wen er mit seiner Beschwerde befassen möchte,[458] sind auf diesen empfindlichen Bereich der Benachteiligungen und (sexuellen) Belästigungen zu übertragen: Mit der (einvernehmlichen) Betrauung des Betriebsrats als zuständige Stelle im Sinne des § 13 AGG würde dieses Wahlrecht des Beschäftigten, ob er das Gremium Betriebsrat überhaupt mit der Angelegenheit betrauen möchte oder nicht, beseitigt.

---

454 BT-Drucks. 16/1780, S. 37.
455 Denn dies wäre die Zuweisung einer betriebsverfassungsrechtlichen Aufgabe. Eine solche einseitige Vermehrung von Aufgaben und Verantwortung muss der Betriebsrat aber nicht hinnehmen, BAG Beschl. v. 30.08.1995 – 1 ABR 4/95 – NZA 1996, 218. So auch *Oetker*, NZA 2008, 264, 267. Siehe dazu auch schon oben S. 100 f.
456 *Oetker*, NZA 2008, 264, 266.
457 § 3 Abs. 4 AGG bestimmt, dass auch eine sexuelle Belästigung eine Benachteiligung im Sinne des Gesetzes ist. Zu den Auswirkungen und dem Eingriff in die Würde des Einzelnen bei sexuellen Belästigungen ausführlich: *Baer*, S. 50 ff.
458 Siehe dazu oben S. 102 f.

b. Betriebsrat als Beschwerdegegner

Zum anderen kann der Betriebsrat aber auch aus einem anderen Grund nicht zuständige Beschwerdestelle im Sinne des § 13 AGG sein. Im Gegensatz zu § 84 BetrVG, in dessen Anwendungsbereich die Amtstätigkeit des Betriebsrats nicht zum Gegenstand einer Beschwerde gemacht werden kann, weil der Arbeitgeber keine Befugnis hat, auf die Amtsausübung des Vertretungsorgans einzuwirken und folglich keine Abhilfe schaffen kann,[459] muss es den Beschäftigten nach dem Willen des Gesetzgebers möglich sein, auch Benachteiligungen der Arbeitnehmervertretung über § 13 AGG zum Beschwerdegegenstand zu machen: Denn § 13 AGG nennt ausdrücklich als Verletzungstäter neben dem Arbeitgeber und anderen Beschäftigten auch Dritte. Der Gesetzesbegründung lässt sich zwar nicht entnehmen, ob der Gesetzgeber auch den Betriebsrat als Dritten im Sinne der Vorschrift ins Auge gefasst hat.[460] Es ist aber zu gewärtigen, dass sich das allgemeine Benachteiligungsverbot des oben bereits angesprochenen § 7 Abs. 1 AGG nicht nur an die unmittelbar an einem Arbeitsverhältnis beteiligten Personen, sondern an alle richtet, die mit dem Beschäftigten in seiner Eigenschaft als solcher in Berührung kommen – und damit auch an den betriebsverfassungsrechtlichen Gegenspieler des Arbeitgebers, den Betriebsrat.[461] Dies stellt auch die Begründung zu § 7 AGG klar, die betont, dass es sich um „generelles Verbot der Benachteiligung" handelt.[462] Hinzukommt, dass die Begründung zum zweiten Abschnitt des AGG darauf hinweist, dass es dem Gesetzgeber um die Schaffung eines toleranten und

---

459 Richardi-*Thüsing,* § 84 Rn 10.
460 Gesetz und Begründung schweigen insoweit. Allerdings wird der „Dritte" auch in § 12 Abs. 4 AGG angesprochen und in der Gesetzesbegründung hierzu und zu § 7 Abs. 1 AGG werden „z.B. (...) Kunden" genannt, vgl. BT-Drucks. 16/1780, S. 34, 37.
461 BT-Drucks. 16/1780, S. 34; *Bauer/Göpfert/Krieger,* § 7 Rn 6; Däubler/Bertzbach-*Däubler,* § 7 Rn 2b; Schleusener/Suckow/Voigt-*Schleusener,* § 7 Rn 4; a.A. *Adomeit/Mohr,* § 7 Rn 351, die nur den Arbeitgeber als Anspruchsgegner des § 7 Abs. 1 AGG ansehen. Zuzugestehen ist dieser Ansicht, dass ein jedermann erfassendes Benachteiligungsverbot, wie dies etwa von *Bauer/Göpfert/Krieger* a.a.O. befürwortet wird, mit der systematischen Stellung der Norm im arbeitsrechtlichen Teil des AGG nicht zu vereinbaren ist, so dass eine Einschränkung auf diejenigen Personen, die mit dem Beschäftigten in seiner Eigenschaft als solcher in Berührung kommen, vorzunehmen ist. Eine so verstandene Auslegung wird sowohl der systematischen Stellung der Norm wie auch dem gesetzgeberischen Willen gerecht, der sich in der Gesetzesbegründung durch ausdrücklich Erfassung auch der „Arbeitskollegen und Dritter, wie zum Beispiel Kunden des Arbeitgebers" manifestiert hat.
462 BT-Drucks. 16/1780, S. 34.

benachteiligungsfreien Klimas in der Arbeitswelt geht.[463] Dieses ist nur möglich, wenn auch die Arbeitnehmervertretung vom Benachteiligungsverbot erfasst wird.

Dementsprechend muss das Beschwerderecht – das Beschwerden bei Benachteiligungen Dritter ausdrücklich vorsieht – auch den Betriebsrat als zumindest potentiellen Benachteiligungstäter erfassen.[464]

Problematisch ist in diesem Zusammenhang zwar, dass der Gesetzgeber davon abgesehen hat, eine Verzahnung mit dem bis dahin bestehenden nationalen Recht vorzunehmen, so dass der Arbeitgeber auch im Rahmen des § 13 AGG nur schwerlich Handhabe hat, auf die Betriebsratstätigkeit einzuwirken.[465] Soweit das Handeln des Betriebsrats oder eines seiner Mitglieder in seiner Eigenschaft als solches die Schwelle zum groben Verstoß im Sinne des § 23 Abs. 1 BetrVG nicht erreicht hat,[466] wird indes gesagt werden müssen, dass diskriminierendes oder belästigendes Verhalten zumindest auch die allgemeine Arbeitnehmerpflicht des Betriebsratsmitglieds betrifft und dieses Verhalten vom Arbeitgeber durch entsprechende Maßnahmen (Abmahnung, ggf. außerordentliche Kündigung gemäß § 103 BetrVG) sanktioniert werden kann und muss.

3. Ergebnis

Der Betriebsrat ist an der personellen Besetzung der Beschwerdestelle nicht zu beteiligen. Das Ordnungsverhalten der Beschäftigten ist nicht betroffen, so dass § 87 Abs. 1 Nr. 1 BetrVG als Mitbestimmungstatbestand ausscheidet. Der Betriebsrat ist selbst auch nicht beschwerdestellenfähig, weil eine solche Aufgabenzuweisung das Wahlrecht des Arbeitnehmers aushebeln würde, den Betriebsrat gerade nicht mit der Angelegenheit zu betrauen. Zudem würde dies die gesetzgeberische Intention konterkarieren, auch den Betriebsrat in den Kreis der potentiellen Beschwerdegegner mit einzubeziehen.

---

463 BT-Drucks. 16/1780, S. 25.
464 So auch Schieck-*Kocher*, § 13 Rn 10; *Meinel/Heyn/Herms,* § 13 Rn 8; Schleusener/Sukkow/Voigt-*Suckow,* § 13 Rn 8.
465 Hierauf weist *Oetker,* NZA 2008, S. 264, 266 zu Recht hin.
466 Liegt ein solcher grober Verstoß vor, ist dem Arbeitgeber der Auflösungsantrag zuzumuten.

III. Das Beschwerdeverfahren

Schwerpunkt der Kontroverse um die Beteiligungsrechte des Betriebsrats im Rahmen des § 13 AGG bildet der Streit zum Beschwerdeverfahren. *Per se* ausschließen will ein solches Beteiligungsrecht weder die Rechtsprechung[467] noch die rechtswissenschaftliche Literatur.[468] Keine einheitliche Meinung hat sich bislang zur Frage gebildet, ob dem Betriebsrat ein Initiativrecht zur Verfahrensgestaltung zusteht.[469] Soweit ein solches Initiativrecht abgelehnt wird,[470] werden unterschiedliche Auffassungen dazu vertreten, ob der Betriebsrat an allen vom Arbeitgeber initiierten Verfahrensregelungen zu beteiligen ist[471] oder ob dies nur gilt, wenn die Beschwerdestelle mit besonderen Kompetenzen ausgestattet wird oder das Verfahren Regelungen beinhaltet, die vom Arbeitnehmer zwingend zu wahren sind, wie etwa Form-, Fristen- und Begründungsregelungen, so dass insoweit, aber auch nur insoweit, ein Mitbestimmungsrecht bestünde.[472]

---

467 LAG Hamburg Beschl. v. 17. April 2007 – 3 TaBV 6/07 – NZA-RR 2007, 413, 414 = BB 2007, 2070 ff.; LAG Hessen Beschl. v. 8. Mai 2007 – 4 TaBV 70/07 – NZA-RR 2007, 637 ff; LAG Rheinland-Pfalz Beschl. v. 17. April 2008 – 9 TaBV 9/08 – BeckRS 2008, 54145. Die gegenläufige Entscheidung des ArbG Hamburg Beschl. v. 20. Februar 2007 -9 BV 3/07 – , BB 2007, 779 ff. ist vom LAG Hamburg a.a.O. insoweit abgeändert worden.

468 *Mohr*, BB 2007, 2075; *Gach/Julis*, BB 2007, 773, 775; *Westhauser/Sediq*, NZA 2008, 78, 82; *Meinel/Heyn/Herms*, § 13 Rn 16; *Däubler/Bertzbach-Buschmann*, § 13 Rn 18a; *Oetker*, NZA 2008, 264, 270; *Besgen*, BB 2007, 213, 214; *Adomeit/Mohr*, § 13 Rn 26a; *Bissels/Lützeler*, BB 2008, 666, 670; *Ueckert*, BB 2007, 781; *Grobys*, NJW 2006, 2950, 2952; ErfK-*Schlachter*, § 13 AGG Rn 2. Wohl auch: *Bauer/Göpfert/Krieger*, § 13 Rn 21; Schieck- *Kocher*; § 13; Schleusener/Suckow/Voigt-*Schleusener*, § 13 Rn 11 – 14.

469 Ein solches Initiativrecht wird befürwortet ausdrücklich nur von *Ehrich/Frieters*, DB 2007, 1026, 1027; die Rechtsprechung stellt sich überwiegend (mit Ausnahme des LAG Rheinland-Pfalz Beschl. v. 17. April 2008 – 9 TaBV 9/08 – BeckRS 2008, 54145) auf den Standpunkt ein solches Recht sei jedenfalls nicht offensichtlich ausgeschlossen, vgl. ArbG Hamburg Beschl. v. 20. Februar 2007 -9 BV 3/07 – , BB 2007, 779 ff.; LAG Hamburg Beschl. v. 17. April 2007 – 3 TaBV 6/07 – NZA-RR 2007, 413, 414 = BB 2007, 2070 ff.; LAG Hessen Beschl. v. 8. Mai 2007 – 4 TaBV 70/07 – NZA-RR 2007, 637 ff. und *Thüsing*, Rn 642 geht folgerichtig unausgesprochen vom Vorhandensein eines Initiativrechts aus, als Konsequenz der Subsumtion des Beschwerdeverfahrens unter den § 87 Abs. 1 Nr. 1 BetrVG. Dazu sogleich noch unten ausführlich S. 115 ff.

470 So: *Mohr*, BB 2007, 2075; *Gach/Julis*, BB 2007, 773, 775; *Westhauser/Sediq*, NZA 2008, 78, 82; *Meinel/Heyn/Herms*, § 13 Rn 16; *Däubler/Bertzbach-Buschmann*, § 13 Rn 18a; *Oetker*, NZA 2008, 264, 270; *Besgen*, BB 2007, 213, 214; *Adomeit/Mohr*, § 13 Rn 26a; *Bissels/Lützeler*, BB 2008, 666, 670; *Ueckert*, BB 2007, 781; *Grobys*, NJW 2006, 2950, 2952; ErfK-*Schlachter*, § 13 AGG Rn 2. Wohl auch: *Bauer/Göpfert/Krieger*, § 13 Rn 21; Schieck- *Kocher*; § 13; Schleusener/Suckow/Voigt-*Schleusener*, § 13 Rn 11 – 14.

471 So wohl *Grobys*, NJW 2006, 2950, 2952.

472 *Oetker*, NZA 2008, 264, 270; *Mohr*, BB 2007, 2075; *Adomeit/Mohr*, § 13 Rn 26a, der eine

1. Kein Initiativrecht/eingeschränkte Verfahrensbeteiligung

Ausdrücklich befürwortet wird ein Initiativrecht nur vereinzelt in der Literatur.[473] Allerdings wird von einigen Autoren ein Beteiligungsrecht aus § 87 Abs. 1 Nr. 1 BetrVG für den Fall angenommen, dass konkrete Maßnahmen über das Beschwerdeverfahren getroffen werden, wie etwa wenn Richtlinien zu dem Verfahren aufgestellt werden.[474] Gegenstand dieses Mitbestimmungsrechts aus § 87 Abs. 1 Nr. 1 BetrVG sind – wie oben schon dargelegt[475] – Maßnahmen zur Ordnung des Betriebs und damit diejenigen verbindlichen Verhaltensregelungen oder sonstigen Maßnahmen, die dazu dienen, das nicht rein arbeitsbezogene Verhalten der Arbeitnehmer zu beeinflussen und zu koordinieren und mittels derer die Ordnung des Betriebs aufrechterhalten werden soll.[476]

Dieses Mitbestimmungsrecht aus § 87 Abs. 1 Nr. 1 BetrVG ist grundsätzlich mit einem korrelierenden Initiativrecht ausgestattet,[477] welches es dem Betriebsrat ermöglicht, in den Angelegenheiten des § 87 Abs. 1 Nr. 1 BetrVG Regelungen selbst vorzuschlagen und – sollte hierüber eine Einigung nicht erzielt werden – die Einigungsstelle anzurufen.[478] Hieraus folgt, dass ein Initiativrecht des Betriebsrats grundsätzlich besteht, wenn Bestimmungen über das Beschwerdeverfahrens des § 13 AGG das Ordnungsverhalten der Arbeitnehmer betreffen.

Hierbei gilt zu bedenken, dass die Ausgestaltung des Beschwerdeverfahrens zwar nicht notwendig das Ordnungsverhalten der Arbeitnehmer im Sinne des § 87 Abs. 1 Nr. 1 BetrVG regulieren muss. Es sind aber durchaus Verfahrensregelungen denkbar, die beeinflussenden und koordinierenden Charakter haben und mithin die Schwelle zum Ordnungsverhalten überschreiten.[479] Dies wird etwa dann an-

---
Beteiligung ablehnt für den Fall, dass die vom Arbeitgeber benannte Beschwerdestelle „eigenverantwortlich" tätig wird; wohl auch *Besgen,* BB 2007, 213, 214; LAG Hessen Beschl. v. 8. Mai 2007 – 4 TaBV 70/07 – NZA-RR 2007, 637 ff.

473 *Ehrich/Frieters,* DB 2007, 1026, 1027.
474 So etwa *Grobys,* NJW 2006, 2950, 2952; *Besgen,* BB 2007, 213, 214; *Gach/Julis,* BB 2007, 773, 775.
475 Siehe oben S. 105, insbesondere Fn 438.
476 BAG Beschl. v. 27. Januar 2004 – 1 ABR 7/03 – NZA 2004, 556; *Fitting,* § 87 Rn 64.
477 Zur Herleitung dieses Initiativrechts ausführlich Richardi-*Thüsing,* § 87 Rn 65 ff.
478 *Fitting,* § 87 Rn 583 f. Dies gilt für alle unter § 87 BetrVG fallenden Mitbestimmungstatbestände.
479 LAG Rheinland-Pfalz Beschl. v. 17. April 2008 – 9 TaBV 9/08 – BeckRS 2008, 54145, II 2 b) bb) (2) der Gründe; *Oetker,* NZA 2008, 264, 270.

zunehmen sein, wenn das Verfahren vom Arbeitnehmer einzuhaltende Förmlichkeiten, wie etwa Form-, Frist- oder Begründungserfordernisse, vorschreibt. Diese wären dann dem Regelungsregime des § 87 Abs. 1 Nr. 1 BetrVG zu unterstellen, mit der Folge dass hieran grundsätzlich ein Initiativrecht besteht.

Diese Folge wird allerdings teilweise abgelehnt.[480] Zur Begründung wird zunächst ein Vergleich zu der oben erörterten Vorschrift des § 84 BetrVG vorgenommen. Dort bestehe kein Mitbestimmungstatbestand aus § 87 Abs. 1 Nr. 1 BetrVG, weil sonst die Regelung des § 86 S. 1 BetrVG überflüssig wäre.[481] Gleiches gelte für den ehemaligen § 3 BeschSchG a.F., der auf die §§ 84, 85 BetrVG verwies und gerade nicht auf § 86 BetrVG.[482] Würde nunmehr für das Beschwerdeverfahren des § 13 AGG ein Mitbestimmungstatbestand angenommen, würde dies die mit § 86 BetrVG geschaffene gesetzgeberische Wertung konterkarieren, obschon der Gesetzgeber ausweislich der Gesetzesbegründung zu § 13 AGG an dem bestehenden Beschwerdesystem des BetrVG dergestalt festhalten wolle, dass sich § 13 AGG in dieses einfügt.[483] Aus diesem Grund könne zwar unter Umständen ein Mitbestimmungsrecht im Sinne des § 87 Abs. 1 Nr. 1 BetrVG an einer Verfahrensregelung bestehen, keinesfalls aber ein Initiativrecht des Betriebsrats begründet werden.[484]

Richtig an dieser Auffassung ist, dass die Initiativrechte des Betriebsrats auch im Rahmen des § 87 Abs. 1 BetrVG nicht grenzenlos bestehen.[485] Schranken können sich aus dem Gegenstand des Mitbestimmungsrechts und/oder seinem Zweck ergeben.[486] Eine solche Schranke existiert im Anwendungsbereich des § 87 Abs. 1 Nr. 1 AGG, sofern der Arbeitgeber damit zu Anordnungen gezwungen würde, die mitbestimmungsfrei sind.[487] Problematisch im Bereich des Beschwerdeverfahrens ist freilich, dass gerade für den erörterten Bereich der Verfahrensförmlichkeiten

---

480 LAG Rheinland-Pfalz Beschl. v. 17. April 2008 – 9 TaBV 9/08 – BeckRS 2008, 54145, II 2 b) bb) (2) der Gründe.
481 LAG Rheinland-Pfalz Beschl. v. 17. April 2008 – 9 TaBV 9/08 – BeckRS 2008, 54145, II 2 b) bb) (2) der Gründe
482 *Oetker*, NZA 2008, 264, 270.
483 LAG Rheinland-Pfalz Beschl. v. 17. April 2008 – 9 TaBV 9/08 – BeckRS 2008, 54145.
484 LAG Rheinland-Pfalz Beschl. v. 17. April 2008 – 9 TaBV 9/08 – BeckRS 2008, 54145.
485 Richardi-*Richardi*, § 87 Rn 72; BAG Beschl. v. 28. November 1989 – 1 ABR 97/88 – NZA 1990, 406, 407.
486 Richardi-*Richardi*, § 87 Rn 201; *Fitting*, § 87 Rn 584.
487 Richardi-*Richardi*, § 87 Rn 201.

ein Mitbestimmungsrecht besteht, wenn und soweit verhaltensordnende Regeln betroffen sind.

Allerdings ist zu vergegenwärtigen, dass der Sinn eines Initiativrechts auch darin liegt, im Rahmen der Betriebsverfassung für beide Teile gleiche Rechte zu statuieren: Sowohl Arbeitgeber wie auch Arbeitnehmer sollen die Initiative für die vom Mitbestimmungstatbestand erfasste Regelung ergreifen können.[488] Eine solche paritätische Gleichheit der Betriebsverfassungsparteien ist aber sowohl für das Beschwerderecht des § 84 BetrVG wie auch für das des § 13 AGG überflüssig.[489] Denn dem Betriebsrat steht in beiden Fällen (im Rahmen des § 13 Abs. 1 AGG über § 13 Abs. 2 AGG) aus § 85 BetrVG ein eigenes Beschwerdeannahme und -prüfungsrecht zu. Über dieses kann er auch die Verfahrensgestaltung des Arbeitgebers im Rahmen der Beschwerdeverfahren der §§ 84 BetrVG, 13 AGG korrigieren[490] und ggf. sogar den Arbeitgeber zur Gewährung rechtlichen Gehörs zwingen, vgl. § 85 Abs. 2 und Abs. 3 BetrVG. Denn wenn sich ein Arbeitnehmer – aus welchem Grund auch immer – verfahrensrechtlich (oder materiell) von der „zuständige Stelle" im Sinne des § 13 AGG nicht recht verstanden fühlt, bleibt ihm unbenommen, die Angelegenheit im Rahmen des § 85 BetrVG mit dem Betriebsrat zu beraten, der ggf. die Einigungsstelle anrufen kann. Ein Initiativrecht des Betriebsrats an der Verfahrensgestaltung ist damit nicht durch Arbeitnehmerinteressen geboten und würde die vom BetrVG bezweckte Parität einseitig zu Lasten des Arbeitgebers verschieben. Ein Initiativrecht besteht folglich nicht.

Ein (erzwingbares) Mitbestimmungsrecht des Betriebsrats existiert mithin nur dort, wo Verfahrensregelungen vom Arbeitgeber (oder der ihm zurechenbaren zuständigen Stelle) initiiert werden, die das Ordnungsverhalten des § 87 Abs. 1 Nr. 1 BetrVG betreffen. Dieses Recht ist auf die Zustimmung oder Ablehnung vom Arbeitgeber vorgeschlagener das Ordnungsverhalten betreffender Regelungen beschränkt.

---

488 BAG Beschl. v. 28. November 1989 – 1 ABR 97/88 – NZA 1990, 406, 407.
489 Für § 84 BetrVG hat der Gesetzgeber dies auch ausdrücklich mit der Regelung des § 86 BetrVG zum Ausdruck gebracht.
490 Denn das Verfahren nach § 85 BetrVG kann den gleichen Beschwerdegegenstand betreffen und hierbei kann der Betriebsrat im Rahmen der gesetzlichen Vorgaben das Verfahren nach eigenen Vorstellungen gestalten.

2. Keine Beteiligung auf freiwilliger Basis

Darüber hinaus wird von einigen Autoren angenommen, eine Beteiligung des Betriebsrats könne sich auf freiwilliger Basis aus § 86 S. 1 BetrVG oder aus § 88 BetrVG ergeben.[491] Auch dies ist abzulehnen. Mit Blick auf die systematische Stellung des § 86 S. 1 BetrVG normiert diese Vorschrift die Möglichkeit freiwilliger Betriebsvereinbarungen ausdrücklich nur für die Beschwerderechte der §§ 84, 85 BetrVG.[492] Bestätigt wird dies durch den § 3 BeschSchG a.F., der explizit nur auf die §§ 84, 85 BetrVG, nicht aber auf den § 86 BetrVG verwies.[493] Da § 13 AGG ausweislich der Gesetzesbegründung dem § 3 BeschSchG nachgebildet wurde, kann § 86 S. 1 BetrVG nicht als Ermächtigung zur Regelung freiwilliger Betriebsvereinbarungen herangezogen werden. Auch ein Vorgehen über § 88 BetrVG, der eine umfassende Zuständigkeit des Betriebsrats für die Regelung sozialer Angelegenheiten durch Betriebsvereinbarungen mit dem Arbeitgeber vorhält,[494] ist aus systematischen Gründen abzulehnen, weil damit die Regelung des § 86 S.1 BetrVG leerlaufen würde; gleiches gilt für den Weg über § 77 Abs. 3 S. 1 BetrVG.[495]

---

491 *Westhauser/Sediq*, NZA 2008, 78, 82;
492 *Oetker*, NZA 2008, 264, 269.
493 *Oetker*, NZA 2008, 264, 269.
494 Richardi-*Thüsing*, § 88 Rn 6.
495 Ausführlich: *Oetker*, NZA 2008, 264, 267.

IV. Ergebnis

Der Betriebsrat hat weder ein Initiativrecht noch ein sonstiges Beteiligungsrecht bei der personellen Besetzung und der organisatorischen Anbindung der Beschwerdestelle. Auch sind seine Mitbestimmungsbefugnisse bei Verfahrensregelungen auf Zustimmungserfordernisse bei der Ausgestaltung besonderer, den Tatbestand des §87 Abs. 1 BetrVG betreffender vom Arbeitgeber eingeführter Regelungen zum Ordnungsverhalten. Der Betriebsrat selbst kann nicht Beschwerdestelle des § 13 Abs. 1 AGG sein.

Teil 5

Schulungen (§ 12 Abs. 2 Satz 2 AGG)

§ 12 Abs. 1 S. 1 AGG legt dem Arbeitgeber die Pflicht auf, die erforderlichen Maßnahmen zum Schutz vor Benachteiligungen zu treffen. Gemäß S. 2 der Vorschrift umfasst dieser Schutz auch vorbeugende Maßnahmen. Die Pflicht zur Prävention kann der Arbeitgeber dabei gemäß § 12 Abs. 2 AGG unter anderem auch dadurch erfüllen, dass er seine Mitarbeiter in „geeigneter Weise zum Zwecke der Verhinderung von Benachteiligungen" schult. [496]

Im Zusammenhang mit solchen Schulungsmaßnahmen entstehen zwei betriebsverfassungsrechtliche Problemkonstellationen: Zum einen ist zu untersuchen, ob dem Betriebsrat bei der Anordnung und/oder Ausgestaltung von Mitarbeiterschulungen Beteiligungsrechte zustehen. Zum anderen stellt sich die Frage, ob die Schulungsrechte des Betriebsrats aus § 37 Abs. 6 und Abs. 7 BetrVG auch das Recht des Betriebsrats auf eigene AGG-Schulungen beinhalten und wenn ja, ob dieses Recht dadurch „aufgebraucht" werden kann, dass der Betriebsrat an einer vom Arbeitgeber angebotenen oder angeordneten Schulung teilnimmt oder zur Teilnahme aufgefordert wird.

---

[496] *Perreng,* NZA-Beil. 2008, Heft 2, 102.

I. Beteiligungsrechte des Betriebsrats

Ebenso wie bei den oben behandelten Fragen einer Beteiligung an der Errichtung und Besetzung von Beschwerdestellen und der Ausgestaltung des Beschwerdeverfahrens, lässt sich bzgl. der Beteiligungsrechte des Betriebsrats an Schulungsmaßnahmen des Arbeitgebers zwischen der Entscheidung des Arbeitgebers zur Mitarbeiterschulung (also dem „Ob") und der Ausgestaltung und Durchführung (dem „Wie") der schon beschlossenen Maßnahme beteiligungsrechtlich differenzieren. Für beide Komplexe sieht § 12 AGG keine ausdrückliche Beteiligung der Arbeitnehmervertretung vor, dementsprechend bestehen zu beiden Rechtsfragen unterschiedliche Ansichten[497] Schließlich ist noch zu erörtern, ob dem Betriebsrat losgelöst von erfolgten Maßnahmen der Mitarbeiterschulung eigene Schulungsrechte zustehen.[498]

1. Keine Beteiligung an der Entscheidung des Arbeitgebers zur Schulung

In Anlehnung an die oben ausführlich besprochene Gesetzeslage zum „Ob" eines Beteiligungsrechtes bei der Beschwerdestellenerrichtung,[499] wäre ein Beteiligungsrecht bei der Einführung einer Schulungsmaßnahme jedenfalls dann ausgeschlossen, wenn die Durchführung der AGG-Schulung reiner Gesetzesvollzug wäre.[500] § 12 Abs. 2 S. 2 AGG verpflichtet den Arbeitgeber aber nicht, die Norm ist schon ihrem Wortlaut nach als Sollvorschrift ausgestaltet und sieht keinen Zwang zur Schulung vor. Zwar knüpft das Gesetz an die Durchführung von Schulungsmaßnahmen bestimmte positive Rechtsfolgen um dem Arbeitgeber Anreize zur Schulung zu verschaffen;[501] eine wie auch immer geartete Pflicht wird dadurch

---

497 Dazu sogleich.
498 Dazu unten S. 133 ff.
499 Vgl. oben S.97, 104. Dort ging es um die Frage, ob dem Arbeitgeber hinsichtlich der Errichtung einer Beschwerdestelle ein Entscheidungsspielraum zusteht; hier geht es um den Ermessensspielraum bei der Initiierung von Schulungsmaßnahmen.
500 Wie oben dargelegt, ist dem Einleitungssatz des §87 Abs. 1 BetrVG insoweit ein allgemeiner Rechtsgedanke zu entnehmen, vgl. etwa Richardi-Thüsing, § 98 Rn 11.
501 So gelten die von § 12 Abs. 1 AGG statuierten Präventivpflichten jedenfalls im Hinblick auf die geschulten Mitarbeiter dann als erfüllt, wenn der Arbeitgeber „geeignete" Schu-

aber nicht begründet. Damit hat der Arbeitgeber bei der Entscheidung zur Durchführung von Schulungen einen Ermessensspielraum, der einer Beteiligung des Betriebsrats grundsätzlich zugänglich erscheint. Demgemäß haben sich auch unterschiedliche Meinungen dazu gebildet, ob die Entscheidung beteiligungspflichtig[502] oder beteiligungsfrei[503] ist.

Die Antwort auf die Frage, ob (und ggf. wie) der Betriebsrat an der Entscheidung zur Durchführung von Schulungen zu beteiligen ist, richtet sich nach dem Betriebsverfassungsrecht. Danach sind reine Unterrichtungsrechte der Arbeitnehmer mitbestimmungsfrei, wohingegen bei sozialen, personellen und wirtschaftlichen Angelegenheiten[504] Beteiligungsrechte vorgesehen sind. Das „Ob", Art und ggf. der Grad der Beteiligung ist daher anhand der Normen des BetrVG zu bestimmen.

a. Keine Unterrichtung im Sinne des § 81 Abs. 1 S. 1 BetrVG

In Betracht zu ziehen ist zunächst, die Schulung zur Gleichbehandlung im Sinne des § 12 AGG als Unterrichtung des Arbeitnehmers nach § 81 Abs. 1 S. 1 BetrVG zu klassifizieren. In diesem Fall wäre sowohl die Entscheidung zur Schulung wie auch die Durchführung derselben beteiligungsfrei.

§ 81 Abs. 1 S. 1 BetrVG enthält die Plicht des Arbeitgebers, den Arbeitnehmer über Aufgabenbereich, Verantwortungsumfang sowie die Einbettung der Tätigkeit im

---

lungen durchgeführt hat, *Meinel/Heyn/Herms*, § 12 Rn 9. Daraus folgt jedoch nicht schon ein (grundsätzlicher) Entlastungsbeweis in Entsprechung des § 831 Abs. 1 S. 2 BGB (so wohl *Adomeit/Mohr,* NZA 2007, S. 179,182; a.A. Däubler/Bertzbach-*Buschmann,* § 12 Rn 20). Denn als Folge würden die auch im Arbeitsverhältnis grundsätzlich geltenden allgemeinen zivilrechtlichen Zurechnungsnormen der §§ 31, § 278 BGB allein durch die Durchführung von Schulungen außer Anwendung gesetzt; so auch *Simon/Greßlin,* BB 2007, 1782/1786. Im Ergebnis führen Schulungsveranstaltungen für Vorgesetzte nur zu einer Sensibilisierung im Umgang mit diskriminierungsrechtlich relevantem Verhalten, nicht aber zur grundsätzlichen Exkulpation des Arbeitgebers, vgl. auch *Willemsen/ Schweibert,* NJW 2006, S. 2583, 2590.
So wohl *Besgen,* BB 2007, 213, der die AGG-Schulungen aber als „sonstige Bildungsmaßnahmen" im Sinne des § 98 Abs. 6 BetrVG qualifiziert.

502 Schieck/*Schmidt,* § 12 Rn 8; unklar: Däubler/Bertzbach-*Buschmann,* § 12 Rn 19)
503 *Bauer/Göpfert/Krieger,* § 12 Rn 25; *Meinel/Heyn/Herms,* § 12 Rn 13; *Besgen,* BB 2007, 213, 213; *Müller-Bonanni/Sagan,* BB Special 5 zu BB 2008, Heft 25, 28, 31. Wohl auch: Rust/ Falke-*Falke,* § 12 Rn 19, die das Beteiligungsrecht allerdings aus § 87 BetrVG herleiten.
504 Siehe hierzu schon oben S. 28 ff.

größeren Rahmen des Arbeitsablaufs zu unterrichten.[505] Diese Einweisungspflicht besteht nicht nur bei Antritt der Erstbeschäftigung, sondern gemäß § 81 Abs. 2 BetrVG während der gesamten Beschäftigungsdauer[506] und sie ist abzugrenzen von Maßnahmen der Berufsbildung, die verschieden ausgeprägten Beteiligungsrechten unterliegen.[507] Soweit dem Arbeitnehmer die für die Ausübung der zugewiesenen Tätigkeit erforderlichen beruflichen Kenntnisse erst noch vermittelt werden, handelt es sich nicht um Unterrichtungstatbestände, sondern um beteiligungspflichtige Maßnahmen der beruflichen Bildung.[508] Zwar ließe sich noch darüber diskutieren, ob die Vermittlung diskriminierungsrechtlicher Kenntnisse vom Normzweck des § 81 BetrVG erfasst wird. Denn diese Vermittlung dient zwar nicht der Einweisung in eine bestimmte Tätigkeit, sondern betrifft das betriebliche Miteinander, aber die Unterrichtung etwa über den Verantwortungsumfang des Arbeitnehmers beinhaltet auch eine Unterrichtung über die Verantwortung gegenüber Kollegen,[509] so dass zumindest nicht von vorneherein ausgeschlossen erscheint, Belehrungen über das Diskriminierungsverbot hierunter zu subsumieren.[510] Selbst in diesem Fall wäre eine Anwendung des § 81 BetrVG auf die Schulungen des § 12 Abs. 2 AGG aber abzulehnen, weil sie zumindest auch den Sinn haben, Kenntnisse zu vermitteln, über die die Arbeitnehmerschaft vielleicht (noch) nicht verfügt, so dass auch aus diesem Grund ein reines (mitbestimmungsfreies) Unterrichtungsrecht nicht in Rede steht. Hinzukommt, dass es bei diesen Schulungen nicht um einen konkreten Aufgaben- und Verantwortungsbereich des einzelnen Arbeitnehmers geht, sondern um die allgemeine Verantwortung, die jeder Beschäftigte gegenüber seinen Kollegen in diskriminierungsrechtlicher Hinsicht auszuüben hat.

Ein Unterrichtungsrecht im Sinne des § 81 BetrVG liegt damit nicht vor, so dass aus diesem Grund eine Beteiligung der Arbeitnehmervertretung jedenfalls nicht auszuschließen ist.

---

505 *Fitting*, § 81 Rn 3.
506 *Fitting*, § 81 Rn 17.
507 Hierzu gehören Anhörungs-, Beratungs-, Vorschlagstatbestände und Mitbestimmungsrechte in engerem Sinne, vgl. § 97 Abs. 2, 98 BetrVG.
508 BAG Beschl. v. 23. April 1991 – 1 ABR 49/90 – NZA 1991, 817.
509 *Fitting*, § 81 Rn 5.
510 So wohl *Müller-Bonanni/Sagan*, BB Special 5 zu BB 2008, Heft 25, 28, 31, die die Ansicht vertreten, die Schulungen seien Unterrichtungen im Sinne des § 81 BetrVG „näher" als Bildungsmaßnahmen, ohne jedoch zu definieren, was unter einem solchen „näher" zu verstehen ist.

b. Kein Initiativrecht aus § 97 Abs. 2 BetrVG

Ein Mitbestimmungsrecht des Betriebsrats könnte sich aber ergeben, wenn es sich bei den Schulungen um Berufsbildungsmaßnahmen im Sinne der §§ 96 ff. BetrVG handelt. Wie oben bereits ausführlich erörtert,[511] sind die Beteiligungsrechte im Rahmen der §§ 96 ff. BetrVG in Grad und Intensität differenziert ausgestaltet, wobei die intensivste Beteiligungsform im Rahmen der betrieblichen Berufsbildung besteht.[512] Näher ausgeführt wurde oben ebenfalls, dass ein Initiativrecht des Betriebsrats zur Einführung von Bildungsmaßnahmen lediglich im Rahmen des § 97 Abs. 2 BetrVG besteht.[513] Nur in diesem Fall wäre mit dem Betriebsrat zusammen die Entscheidung über Einführung von Schulungen zu bestimmen. Die Norm überlässt dem Betriebsrat allerdings nur dort die Initiative, wo beschäftigungssichernde Maßnahmen zur Vermeidung von Kündigungen bei Betriebsänderungen erforderlich sind.[514] Da die Schulungen nach dem AGG aber gerade nicht an wie auch immer geartete Betriebsänderungen[515] gebunden sind, sondern in allen Betrieben durchgeführt werden sollen, scheidet ein Initiativrecht des Betriebs nach § 97 Abs. 2 BetrVG aus.

Der Betriebsrat hat an der Entscheidung zur Einführung von Schulungsmaßnahmen mithin kein Beteiligungsrecht.

2. Beteiligungsrechte bei der Durchführung der Schulungen

Dem Betriebsrat mag aber bei der Durchführung von Schulungsveranstaltungen, zu denen der Arbeitgeber sich entschlossen hat, beteiligt werden. Ein solches Beteiligungsrecht könnte sich im Bereich der personellen Angelegenheiten des BetrVG bei Bildungsmaßnahmen aus den §§ 96 ff. BetrVG ergeben. Das Gesetz

---

511 Siehe oben S. 63 ff.
512 Siehe schon oben dazu sogleich S. 125 und ausführlich zur Abgrenzung betrieblicher und außerbetrieblicher Bildungsmaßnahmen *Raab*, NZA 2008, S. 270 ff.
513 Vgl. schon oben und *Fitting*, § 97 Rn 20.
514 Richardi-*Thüsing*, § 97 Rn 9.
515 Zur Frage, welche Qualität eine solche Betriebsänderung haben muss, damit die Rechtsfolge des § 97 Abs. 2 BetrVG ausgelöst wird, vgl. Richardi-*Thüsing*, § 97 Rn 9 ff.

unterscheidet die Art und den Grad der Beteiligung bei der Durchführung von Bildungsmaßnahmen nach betrieblicher und außerbetrieblicher Natur der jeweils in Rede stehenden Maßnahme gemäß §§ 98 Abs. 1, 2 und 3 BetrVG und nach sog. sonstigen Bildungsmaßnahmen im Sinne des § 98 Abs. 6 BetrVG.

a. Keine Maßnahme der Berufsbildung

Zu prüfen ist zunächst, ob sich die Schulungen des § 12 Abs. 2 AGG als Maßnahmen der betrieblichen Berufsbildung klassifizieren lassen.[516] Wie oben ausgeführt, enthält das BetrVG keine Legaldefinition des Begriffs der Berufsbildung, greift aber zur Begriffsbestimmung auf die Vorschriften des BBiG zurück,[517] insbesondere auch auf die Legaldefinitionen zur Aus- und Fortbildung in § 1 Abs. 3 und Abs. 4 BBiG und definiert die Berufsbildung so als die systematische, lehrplanartige Kenntnis- und Fähigkeitsvermittlung, durch welche die Arbeitnehmer zu ihrer beruflichen Tätigkeit befähigt (oder fortgebildet) werden.[518] Für eine Subsumtion des Schulungsbegriffs unter einen so verstandenen Begriff der Berufsbildung könnte sprechen, dass das AGG selbst in § 12 Abs. 2 S. 1 AGG bestimmt, dass der Arbeitgeber im Rahmen der beruflichen Aus- und Fortbildung auf die Unzulässigkeit von Benachteiligungen hinweisen und auf ihr Unterbleiben hinwirken soll. Damit bringt der Gesetzgeber zum Ausdruck, dass Schulungsmaßnahmen im diskriminierungsrechtlichen Kontext zumindest Bestandteil einer Maßnahme der betrieblichen Berufsbildung sein können. In diesem Fall sind dann auch die Mitbestimmungsrechte des Betriebsrats zu wahren.[519]

---

516 An außerbetrieblichen Bildungsmaßnahmen besteht nur ein sehr eingeschränktes Beteiligungsrecht, vgl. § 98 Abs. 3 BetrVG. Die betriebliche und die außerbetriebliche Bildung unterscheiden sich letztlich nur durch Kostentragung und Trägerschaft, so dass die folgenden Ausführungen auch für außerbetriebliche Maßnahmen Geltung beanspruchen. Ein Beteiligungsrecht der Arbeitnehmervertretung würde sich in dem Fall aber auf die Auswahl der hierzu freigestellten Arbeitnehmer beschränken.
517 Siehe oben S. 63 f.
518 *Fitting*, § 96 Rn 9 mwN.
519 So im Ergebnis auch *Bauer/Göpfert/Krieger;* § 12 Rn 25. Der Betriebsrat hat dann gem. § 98 Abs. 1, 2 und 3 BetrVG an der Durchführung dergestalt mitzubestimmen, dass er – sofern es sich um eine betriebliche Maßnahme handelt – sowohl Einfluss nehmen kann auf die Person des Ausbilders, § 98 Abs. 2 BetrVG, wie auch auf die Teilnehmerschaft, § 98 Abs. 3 BetrVG. Im Bereich der außerbetrieblichen Bildungsmaßnahmen bestehen Mitbestimmungsrechte nur bei der Auswahl der Teilnehmer, und dies auch nur, soweit der Arbeitgeber durch Freistellung oder Kostenübernahme bestimmten Arbeitnehmern

Führt der Arbeitgeber die Schulung aber nicht im Rahmen einer beruflichen Aus- oder Fortbildung durch, sondern als eigenständige Maßnahme, bleibt fraglich, ob sich AGG-Schulungen als Berufsbildung im Sinne der §§ 96 ff. BetrVG qualifizieren lassen. Hierzu wird zunächst auf den Zweck der Berufsbildung abzustellen sein. Mit ihr soll durch betriebliche Qualifizierungsmaßnahmen das Risiko von Arbeitsplatzverlusten verringert werden,[520] dem die Arbeitnehmer in einer Unternehmenslandschaft zunehmend ausgesetzt sind, die sich aufgrund neuer Technologien immer schneller verändert und daher immensen Anpassungsbedarf zeitigt.[521] Der Betriebsrat hat hieran – wie schon ausgeführt – kein Initiativrecht zur Bildungsdurchführung[522], sondern ein abgestuftes Beteiligungsrecht, das insbesondere die Auswahl der Ausbilder und der zu beteiligenden Arbeitnehmer betrifft. Da die Teilnahme an solchen Qualifizierungsmaßnahmen häufig über den Erhalt eines Arbeitsplatzes oder den beruflichen Aufstieg entscheidet, dienen die Beteiligungsrechte des Betriebsrats wegen dieser (erheblichen) sozialen Auswirkungen einerseits dem Zweck, für angemessene Inhalte der beruflichen Bildung (Mit-)Sorge zu tragen, andererseits Transparenz im Hinblick auf ein korrektes Auswahlverfahren zu gewährleisten.[523] Der so erarbeitete Sinn der Berufsbildung und die damit eng verzahnten Zwecke der Mitbestimmung auf diesem Sektor zeigen, dass es in diesem Bildungsbereich mithin um die Erlangung, Vertiefung oder Erweiterung beruflicher Fertigkeiten geht.

Schulungen im Sinne des § 12 Abs. 2 S. 2 AGG lassen sich hierunter nicht subsumieren.[524] Die Mitarbeiterschulungen dienen der Verfestigung, Vertiefung und ggf. auch Erlernung von sozialen Verhaltensweisen, die gerade nicht auf eine bestimmte Tätigkeit zugeschnitten sind, sondern nach dem Willen des Gesetzgebers in sämtlichen Bereichen des Arbeitslebens gelten sollen.[525] Diese Art von

---

Vorteile zuwendet. In dem Fall wird die innerbetriebliche Verteilungsgerechtigkeit durch das Mitbestimmungsrecht gesichert: *Raab,* NZA 2008, S. 270, 271.
520 *Fitting,* § 97 Rn 10.
521 Aus diesem Grund weist § 2 Abs. 2 Nr. 1 SGB III (auch) dem Arbeitgeber eine Mitverantwortung für die berufliche Leistungsfähigkeit der bei ihm Beschäftigten zu, vgl. *Fitting,* § 97 Rn 9.
522 Siehe schon oben S. 67.
523 *Fitting,* § 96 Rn 5.
524 Eine Ausnahme hiervon könnten allenfalls Schulungsmaßnahmen für im Personalwesen tätige Personen sein.
525 Vgl. BT-Drucks. 16/1780 S. 25. Dort heißt es zur Begründung des arbeitsrechtlichen Abschnitts, mit dem AGG solle „die Grundlage für ein tolerantes und benachteiligungsfreies

Schulung hat keinen arbeitsplatzsichernden Inhalt im oben beschriebenen Sinn. Es handelt sich mithin bei den sog. „AGG-Schulungen" nicht um Maßnahmen der Berufsbildung, es sei denn der Arbeitgeber führt sie – gewissermaßen als Annex – ausdrücklich im Rahmen der Aus- und Fortbildung durch.

b. Sonstige Bildungsmaßnahme

Möglicherweise lassen sich die Schulungen aber als sonstige Bildungsmaßnahmen im Sinne des § 98 Abs. 6 BetrVG qualifizieren.[526] Die Beteiligungsrechte der Arbeitnehmervertretung im Bereich der betrieblichen und außerbetrieblichen Bildungsmaßnahmen unterscheiden sich nicht signifikant von denen im Rahmen der sonstigen Bildungsmaßnahmen, gelten die Abs. 1 bis 5 des § 98 doch gemäß § 98 Abs. 6 BetrVG insoweit entsprechend: Der Betriebsrat hat folglich grundsätzlich im Rahmen der Durchführung bei der Aufstellung von Regeln zur Durchführung, bei der Auswahl von Ausbildern und der Auswahl von Teilnehmern ein beschränktes Mitbestimmungsrecht an solchen Maßnahmen, wenn diese entweder vom Arbeitgeber selbst durchgeführt werden oder er auf das durchführende Lehrvermittlungsorgan beherrschenden Einfluss ausübt.[527]

aa. Schulung als sonstige Bildungsmaßnahme

Sonstige Bildungsmaßnahmen werden von Teilen der Literatur definiert als „alle Bildungsmaßnahmen, deren Gegenstand nicht unter den betriebsverfassungsrechtlichen Berufsbildungsbegriff fällt".[528] Da AGG-Schulungen nicht unter den Begriff der Berufsbildung im Sinne der §§ 96 ff. BetrVG subsumiert werden können,[529] wären diese als sonstige Bildungsmaßnahmen im Sinne des § 98 Abs.

Miteinander in der Arbeitswelt" geschaffen werden.
526 Befürwortet wird dies von *Besgen*, BB 2007, 213; Richardi-*Thüsing*, § 96 Rn 8a, § 98 Rn 67. A.A. *Adomeit/Mohr*, § 12 Rn 60; *Bauer/Göpfert/Krieger*, § 13 Rn 19.
527 *Fitting*, § 98 Rn 37; *Raab*, NZA 2008, 270, 272. Beherrschend in diesem Sinne ist der Arbeitgeber dann, wenn er auf Inhalt und Ablauf bestimmenden Einfluss nimmt. Handelt es sich um außerbetriebliche sonstige Bildungsmaßnahmen, gilt für die Beteiligungsrechte das oben in Fn 516 Gesagte.
528 Richardi-*Thüsing*, § 98 Rn 67.
529 Siehe soeben oben, S. 127.

6 BetrVG einzuordnen[530] – sofern sie Bildungscharakter[531] aufweisen, was wohl in der Regel angenommen werden kann.[532]

bb. Keine sonstige Bildungsmaßnahme

Diese rechtliche Einordnung von Schulungen des Antidiskriminierungsrechts als Maßnahme im Sinne des § 98 Abs. 6 BetrVG wird jedoch mit dem Argument abgelehnt, das AGG ermögliche dem Arbeitgeber die Durchführung von Schulungen, um sein Haftungsrisiko zu minimieren, so dass es auch ausschließlich dem Arbeitgeber überlassen bleiben müsse, durch wen er welche Beschäftigten in welchem Umfang schulen will.[533]

cc. Differenzierende Betrachtung

Richtig an der zuletzt aufgeführten Rechtsansicht ist zunächst, dass der Arbeitgeber wegen der Fiktionswirkung des § 12 Abs. 2 S. 2 AGG ein erhebliches rechtliches Interesse daran hat, die Geeignetheit einer AGG-Schulung sicherzustellen.[534] Allerdings darf nicht unberücksichtigt bleiben, dass das AGG mit der normierten Anregung, Schulungen zu veranstalten, nicht in erster Linie die Enthaftung des Arbeitgebers bezweckt, sondern primär unerwünschten Benachteiligungen durch Prävention entgegenwirken möchte.[535] Dies will es durch eine mit der Schulung vermittelten Öffnung der Arbeitnehmer für die Ziele des AGG erreichen. Einer solchen Wissensvermittlung lässt sich der Charakter einer sonstigen Bildungsmaßnahme kaum absprechen. Dabei ist aber wiederum zu beachten, dass der Ge-

---

530 So Richardi-*Thüsing*, § 98 Rn 67.
531 Bildungscharakter liegt vor, wenn die Kenntnisvermittlung die Erreichung eines Lernziels verfolgt, Richardi-*Thüsing*, § 96 Rn 16. Lernziel im Rahmen einer AGG-Schulung dürfte regelmäßig die Erlernung diskriminierungsfreien Verhaltens sein.
532 So *Besgen*, BB 2007, 213; Richardi-*Thüsing*, § 96 Rn 8a, § 98 Rn 67.
533 *Adomeit/Mohr*, § 12 Rn 60; *Bauer/Göpfert/Krieger*, § 13 Rn 19. Dagegen auch *Müller-Bonanni/Sagan*, BB Special 5 zu BB 2008, Heft 25, 28, 31, der allerdings einen Weisungscharakter der Schulungen annimmt und sie deshalb als dem Unterrichtsrecht des § 81 BetrVG „näherstehend" bezeichnet.
534 Allerdings führt auch die Durchführung einer noch so geeigneten Schulung nicht *eo ipso* zu einer Exkulpation des Arbeitgebers bei Verstößen gegen das Benachteiligungsverbot, vgl. hierzu schon oben 501.
535 BT-Drucks. 16/1780, S. 37.

setzgeber bei der Abfassung des AGG an eventuell sich hieraus ergebende Beteiligungsrechte des Betriebsrats wahrscheinlich gar nicht gedacht hat.[536] Demgemäß sind diese beiden Zwecke des § 12 Abs. 2 AGG beteiligungsrechtlich in einen sinnvollen und angemessenen Ausgleich zu bringen: Den Interessen der Arbeitnehmervertretung wird Rechnung getragen, in dem die AGG-Schulung als sonstige Bildungsmaßnahme qualifiziert wird und somit grundsätzlich mitbestimmungspflichtig ist. Die Interessen des Arbeitgebers werden gewahrt, indem die Reichweite der Beteiligungsrechte (stark) eingeschränkt wird. Dabei ist zwischen der Mitbestimmung bei der Durchführung der gesamten Maßnahme und der Mitbestimmung bei der Bestellung (und Abberufung) des Ausbilders und der bei der Auswahl der Beschäftigten, die an der Maßnahme teilnehmen sollen, zu differenzieren.[537]

(1) Beschränkte Mitbestimmung bei Durchführung der Schulung

Das Mitbestimmungsrecht des Betriebsrats bei der Durchführung der Schulung bezieht sich auf die Aufstellung von Regeln.[538] Grundsätzlich sind solche Regelungen mit dem Betriebsrat abzusprechen. Eingeschränkt wird das Beteiligungsrecht indes durch das oben erwähnte und von Teilen der Literatur[539] zu Recht hervorgehobene rechtliche Interesse des Arbeitgebers an der Geeignetheit der Schulung. Dieses Merkmal der „Geeignetheit" wird jedoch weder in § 12 Abs. 2 S. 2 AGG noch in der Gesetzesbegründung näher beschrieben, so dass es im Lichte des primären Ziels der Norm auszulegen ist. Geeignet ist somit jede Schulung, die dazu dient, vorbeugenden Schutz vor Benachteiligungen zu vermitteln.[540] Form,

---

536 Der Gesetzesbegründung und auch der Entwurfsbegründung zum ADG lässt sich hierzu nichts entnehmen.
537 Alle drei Mitbestimmungsrechte betreffen die Durchführung der gesamten Bildungsmaßnahme, vgl. den amtlichen Titel des § 98 BetrVG. Im einzelnen wird dann aber noch einmal zwischen den bei der Gesamtdurchführung entstehenden Mitbestimmungsrechten unterschieden. Vgl. zur Mitbestimmung bei der Durchführung, der Bestellung und Abberufung von Ausbildern und zur Beteiligung bei der Auswahl der teilnehmenden Belegschaft ausführlich: Richardi-*Thüsing*, § 98 Rn 9 ff., 22 ff., Rn 54 ff.
538 Richardi-*Thüsing*, § 98 Rn 14.
539 *Adomeit/Mohr*, § 12 Rn 60.
540 Auf einen Vermittlungserfolg kann es im Rahmen des § 12 Abs. 2 S. 2 AGG nicht ankommen, da auch die beste Schulung einen zur Diskriminierung Entschlossenen kaum umstimmen kann.

Inhalt und Umfang einer Schulung werden regelmäßig Auskunft über die so definierte Eignung der Schulung im Einzelfall geben können. Dies führt dazu, dass dem Arbeitgeber im Rahmen der Durchführung der Schulung jedenfalls diese Entscheidungen (über Form, Inhalt und zeitlichen wie inhaltlichen Umfang) ausschließlich überlassen bleiben müssen. Soweit darüber hinausgehende Regelungen aufgestellt werden, etwa die Festlegung von Pausen oder ähnliches, wird der Betriebsrat aber regelmäßig zu beteiligen sein. Im Einzelfall ist daher zu prüfen, ob die aufgestellte Regelung zur Durchführung entscheidenden Einfluss auf die Geeignetheit der Schulung im Sinne des § 12 Abs. 2 S. 2 AGG nimmt. Ist dies der Fall, ist das Beteiligungsrecht des Betriebsrats auf Null reduziert.

(2) Kein Beteiligungsrecht an Bestellung und Abberufung

Das als Widerspruchs- und Abberufungsrecht ausgestaltete Mitbestimmungsrecht des Betriebsrats bei der Wahl der Ausbilder soll sicherstellen, dass der Ausbilder die zur (Aus-, Fort- oder sonstigen) Bildung erforderliche persönliche und fachliche Eignung aufweist. Weil aber gerade die Geeignetheit – auch in der Person des Ausbilders – maßgebliches Entlastungsmoment im Rahmen des § 12 Abs. 2 S. 2 AGG darstellt, ist die Bestellung (und ggf. Abberufung) des Ausbilders allein dem Arbeitgeber vorbehalten. Aus diesem Grund besteht hieran auch kein Beteiligungsrecht des Betriebsrats.

(3) Eingeschränkte Mitbestimmung bei der Auswahl der Teilnehmer

Die Beteiligung der Arbeitnehmervertretung an der Teilnehmerauswahl sonstiger Bildungsmaßnahmen bezweckt die Gewährleistung betrieblicher Verteilungsgerechtigkeit bei der Distribution arbeitgeberseitiger Leistungen.[541] Dem steht wiederum das Interesse des Arbeitgebers gegenüber, bestimmte Kategorien von Beschäftigten, wie etwa Vorgesetzte, vorrangig oder ausschließlich schulen zu lassen, weil die von ihnen ggf. ausgehenden Benachteiligungen besonders gravierende Auswirkungen zeitigen könnten.[542] Gerade dies wirkt sich dann auch auf die

---
541 Richardi-*Thüsing,* § 98 Rn 55.
542 In Betracht zu ziehen ist etwa die Benachteiligung einer ganzen Minderheitengruppe mit der Folge einer Vielzahl von Entschädigungsverfahren.

Frage der Geeignetheit der Schulung aus. Damit verbleibt auch die Entscheidung über die teilnehmenden Mitarbeiter grundsätzlich beim Arbeitgeber. Lediglich dann, wenn der Arbeitgeber bestimmte Gruppen oder Kategorien von Teilnehmern bildet und innerhalb dieser Gruppen dergestalt ein Entscheidungsspielraum offenbleibt, dass eine Auswahl unter den Gruppenmitgliedern vorgenommen werden kann, ist ein Beteiligungsrecht des Betriebsrats anzunehmen.

3. Ergebnis

Die Entscheidung darüber, überhaupt eine Schulung vorzunehmen, ist mitbestimmungsfrei. Entscheidet sich der Arbeitgeber zur Schulung, ist zu differenzieren: Führt der Arbeitgeber die Schulungen im Rahmen der betrieblichen Aus- und Fortbildung durch, hat er die Mitwirkungs- und Mitbestimmungsrechte des Betriebsrats nach den §§ 96 ff. BetrVG zu beachten. Reine AGG-Schulungen sind allerdings weder Maßnahmen der Unterrichtung gem. § 81 Abs. 1 S. 1 BetrVG, noch Teil der Berufsbildung im Sinne der §§ 96 ff. BetrVG, vielmehr sind sie grundsätzlich als sonstige Maßnahmen der Berufsbildung zu klassifizieren. Damit bestehen auch grundsätzlich Beteiligungsrechte der Arbeitnehmervertretung, die aber teleologisch begrenzt werden durch den Zweck der Mitbestimmung einerseits und dem in § 12 Abs. 2 S. 2 AGG zum Ausdruck kommenden Entlastungsgedanken andererseits, der dem Arbeitgeberinteressen dient.

II. Eigene Schulungsrechte des Betriebsrats

Von kollektivem Interesse im Zusammenhang mit Schulungsmaßnahmen des Arbeitgebers ist schließlich noch ein zweiter Aspekt: Der Betriebsrat hat gemäß § 37 Abs. 6[543] Anspruch auf Freistellung und in Verbindung mit § 40 Abs. 1 BetrVG auf Kostenübernahme zum Zwecke der Teilnahme an Schulungs- und Bildungsveranstaltungen, die der Durchführung der dem Betriebsrat obliegenden Aufgaben dienen, wenn und soweit sie zur ordnungsgemäßen Erfüllung der Aufgaben erforderlich sind.[544]

Zu den allgemeinen Aufgaben des Betriebsrats aus der Betriebsverfassung gehören gemäß § 80 Abs. 1 BetrVG die oben bereits ausführlich besprochenen Förderaufträge[545] und das ebenfalls ausführlich erörterte diskriminierungsrechtlich relevante Überwachungsgebot aus § 75 Abs. 1 BetrVG.[546] Darüber hinaus sind dem Betriebsrat durch das AGG weitere Betätigungsfelder eröffnet worden, insbesondere kann er positive Maßnahmen anregen und teilweise auch initiieren.[547] Bereits dieser skizzenhaften Zusammenstellung der Aufgaben des Betriebsrats kann entnommen werden, dass Kenntnisse über die Benachteiligungstatbestände, die Rechtsfolgen von Benachteiligungen aber auch über die verfahrensrechtlichen Besonderheiten der arbeitsrechtlichen Vorschriften des AGG und ihre jeweiligen Abgrenzungen zum Betriebsverfassungsrecht zu den erforderlichen Kenntnissen des Betriebsrats gehören und daher grundsätzlich wohl auch von dem § 37 Abs. 6 S. 1 BetrVG erfasst werden.[548] Dabei ist anerkannt, dass auch Gesetzesnovellierungen Schulungen im Sinne des § 37 Abs. 6 BetrVG erforderlich werden lassen können.[549] Dieses muss auch für die Einführung anderer neuer Gesetze gelten, die wesentlichen Einfluss auf die Betriebsratstätigkeit nehmen, wie etwa das AGG.

---

543 *Fitting*, § 37 Rn 161. Darüber hinaus hat das einzelne Betriebsratsmitglied einen Schulungsanspruch aus § 37 Abs. 7 BetrVG; diese Ansprüche stehen neben einander. Einschlägige Anspruchsgrundlage für eine Schulung nach dem AGG für den Betriebsrat ist indes § 37 Abs. 6 BetrVG.
544 *Fitting*, § 37 Rn 22.
545 Siehe oben S. 69 ff.
546 Siehe oben, S. 10 ff.
547 Siehe dazu ausführlich oben S.21 ff.
548 *Wisskirchen*, S. 55. So im Ergebnis auch *Adomeit/Mohr*, § 12 Rn 64, die jedoch die Erforderlichkeit einer solchen Schulung für den Fall ablehnen, dass der Arbeitgeber eine Schulung gem. § 12 Abs. 2 S. 2 AGG durchführt.
549 *Fitting*, § 37 Rn 143.

Allerdings liegt eine Erforderlichkeit im Sinne des § 37 Abs. 6 BetrVG nach gefestigter Rechtsprechung[550] und der ganz überwiegenden Ansicht in der Literatur[551] nur vor, wenn ein konkreter betrieblicher Bezug hergestellt ist. Es bedarf mithin eines aktuellen oder zumindest absehbaren Anlasses, aus dem sich der Schulungsbedarf ergibt,[552] damit der Betriebsrat seine gegenwärtigen oder in naher Zukunft anstehenden Aufgaben sach- und fachgerecht erfüllen kann.[553] Dies ist im Fall des AGG grundsätzlich schon dann gegeben, wenn der Arbeitgeber Merkmalsträger im Sinne des § 1 AGG beschäftigt. Das ergibt sich aus dem Präventionsgedanken des AGG: Es ist nicht erforderlich, dass es in einem Betrieb zu Benachteiligungen gekommen ist. Grundsätzlich steht dem Betriebsrat damit ein Schulungsrecht zu.

Fraglich ist aber, ob das Merkmal der Erforderlichkeit auch dann noch erfüllt ist, wenn der Arbeitgeber eine Schulung für die gesamte oder Teile der Belegschaft durchführen lässt und dem Betriebsrat anbietet, daran teilzunehmen. Denn damit könnte der Standpunkt vertreten werden, der Betriebsrat sei ausreichend auf die sach- und fachgerechte Erfüllung seiner gegenwärtigen oder in naher Zukunft anstehenden Aufgaben vorbereitet.

Diese Betrachtungsweise bleibt indes zu pauschal: Es ist einerseits auf den Inhalt der jeweiligen Schulungsmaßnahme des Arbeitgebers abzustellen, andererseits sind aber auch konkrete Anlässe im Betrieb zu berücksichtigen, die ggf. einen erhöhten Schulungsbedarf gegenüber einer vom Arbeitgeber angebotenen Maßnahme rechtfertigen. Soweit der Arbeitgeber mit der Schulung ausschließlich oder doch primär seine Enthaftung im Rahmen des § 12 Abs. 2 S. 2 AGG bezweckt und die Schulung allein zu diesem Zweck durchführt, also über betriebsverfassungsrechtliche Aspekte überhaupt nicht oder nur in unwesentlichem Umfang informiert, wird dem Betriebsrat wohl das Recht auf eine für seine Zwecke zugeschnittene Schulung zugebilligt werden müssen. Werden in der vom Arbeitgeber angebotenen Schulung aber auch die Besonderheiten der Betriebsratstätigkeit im Bereich des AGG in einer den Erfordernissen des § 37 Abs. 6 BetrVG genügen-

---

550 Beschl. v. 19. Juli 1995 – 7 ABR 49/94 – NZA 1996, 442; Urt. v. 15. Februar 1995 – 7 AZR 670/94 – NZA 1995, 1036; Beschl. v. 15. Mai 1986 – 6 ABR 74/63 – NZA 1987, 63.
551 *Fitting*, § 37 Rn 141 f.; Richardi-*Thüsing*, § 37 Rn 86 f.; ErfK-*Eisemann*, § 37 Rn 16 jeweils mwN.
552 BAG Beschl. v. 19. Juli 1995 – 7 ABR 49/94 – NZA 1996, 442.
553 Vgl. etwa BAG Beschl. v. 19. Juli 1995 – 7 ABR 49/94 – NZA 1996, 442.

den Art und Weise behandelt, ist dem Betriebsrat ein eigenes Recht auf (gesonderte) Schulung im Rahmen der §§ 37 Abs. 6, 40 BetrVG versagt.[554] Denn der Zweck des § 37 Abs. 6 BetrVG besteht (auch) in der Herstellung einer intellektuellen Waffengleichheit zwischen Arbeitgeber und Betriebsrat.[555] Diese würde bei einer Schulung, die ausreichend auch auf die betriebsverfassungsrechtlichen Aspekte eingeht, hergestellt sein. Nur wenn eine Dissonanz in der intellektuellen Parität auf dem Gebiet des AGG besteht, kann der Betriebsrat ein gesondertes Schulungsrecht für sich in Anspruch nehmen.

---

554 Dies ergibt sich auch aus der Überlegung, dass der Betriebsrat bei der Wahl zwischen gleichwertigen Schulungen die kostengünstigere wählen muss, vgl. Richardi-*Thüsing*, § 40 Rn 40.
555 *Fitting*, § 37 Rn 142 mwN.

Teil 6

Zusammenfassender Ausblick

Die unscheinbare Vorschrift des § 17 AGG, die sich hinter dem wenig aussagekräftigen Titel des 4. Unterabschnitts des AGG „Ergänzende Vorschriften" verbirgt, hat dem Betriebsrat eine Reihe neuer Betätigungsmöglichkeiten eröffnet, um den sozialen Dialog mit dem Arbeitgeber aufzunehmen und so auf die Beseitigung bestehender und die Verhinderung künftiger Benachteiligungen hinzuwirken. Diese Aufgaben sind zwar, wie sich bereits aus dem amtlichen Titel der Vorschrift selbst ergibt, ganz überwiegend dialogischer Natur.

Allerdings gewährt die Norm insbesondere im Rahmen von Einstellungsrichtlinien in Betrieben mit mehr als 500 Arbeitnehmern sogar Initiativrechte zur Durchführung positiver Maßnahmen, die auch unter Einschaltung der Einigungsstelle zwangsweise durchgesetzt werden können. Bei der Statuierung solcher Maßnahmen sind die Interessen der von der Förderung nicht Betroffenen ebenso zu berücksichtigen wie die Interessen der Förderungsempfänger und die des Arbeitgebers. Dabei darf das Auswahlermessen des Arbeitgebers zu Ungunsten der nicht Geförderten nicht auf Null reduziert werden. Dies kann im Regelfall durch eine Öffnungsklausel gewährleistet werden.

Grobe Verstöße des Arbeitgebers gegen Vorschriften aus dem zweiten Abschnitt des AGG können über § 17 Abs. 2 AGG einer gerichtlichen Klärung zugeführt werden. Die unklare Verweisungstechnik der Vorschrift und ihre strukturelle Ähnlichkeit mit § 23 Abs. 3 BetrVG hat mittlerweile Kontroversen zu insgesamt acht Prüfungspunkten ausgelöst. Diese wurden zunächst geordnet und die einzelnen Streitigkeiten auf ihre Auswirkungen zu den jeweils anderen Streitkomplexen untersucht sowie anschließend einer abgestimmten Lösung zugeführt.

Auch die vieldiskutierte Frage zur Beteiligung des Betriebsrats im Rahmen des Beschwerderechts des § 13 AGG wurde untersucht und in einen Zusammenhang mit den Beschwerechten der §§ 84, 85 BetrVG gestellt. Diese Untersuchung ergab, dass Beteiligungsrechte nur in sehr begrenzten Ausnahmefällen entstehen. Das Beschwerderecht gilt insbesondere auch für den sensibelsten Regelungsbereich des AGG, dem der sexuellen Belästigung. Gerade dieser besonders empfindliche Bereich zeigt, dass es dem betroffenen Arbeitnehmer überlassen bleiben muss, ob er das Gremium Betriebsrat überhaupt mit der Angelegenheit betrauen möchte. Dem trägt § 13 Abs. 2 AGG Rechnung, in dem er das Beschwerdeverfahren des § 13 AGG neben das des § 85 BetrVG stellt. Diese Zweigleisigkeit der Beschwerdeverfahren führt dazu, dass der Betriebsrat (angebliche oder tatsächliche) Verfahrensmängeln des § 13 AGG im Rahmen seines eigenen Beschwerdeverfahrens ausgleichen und korrigieren kann.

Im Rahmen von Mitarbeiterschulungen sind allenfalls begrenzte Rechte des Betriebsrats anzuerkennen. Die Untersuchung hat gezeigt, dass das Interesse des Betriebsrats an der Beteiligung mit den Interessen des Arbeitgebers, Einfluss auf die Schulung zu nehmen, um seine Enthaftung sicherzustellen, abzuwiegen und in Ausgleich zu bringen sind. Dies führt zu einer teleologischen Reduktion der Beteiligungsrechte auf einzelne Organisationsregelungen. Die Entscheidung über die Auswahl des Ausbilders bleibt ausschließlich dem Arbeitgeber vorbehalten. Auch die Beteiligung bei der Auswahl der zu bildenden Mitarbeiter ist stark eingeschränkt: Dem Arbeitgeber ist die Entscheidung über die Teilnahme einzelner Arbeitnehmer ebenso vorbehalten, wie diejenige über die evtl. teilnehmenden Hierarchiestufen, Abteilungen oder ähnlichen Gruppierungen. Lediglich für den Fall, dass innerhalb dieser Gruppierungen eine Auswahl möglich bleibt, ist der Betriebsrat an dieser zu beteiligen.

Es ist zu begrüßen, dass dem Betriebsrat mit dem AGG neue rechtliche Möglichkeiten zur Hand gegeben wurden, um präventiv gegen Benachteiligungen vorzugehen und auf die Herstellung materieller Gerechtigkeit hinzuwirken. Bei der Ausübung dieser Rechte hat er aber die Interessen des Arbeitgebers ebenso zu wahren, wie die Rechte und Interessen der von den Maßnahmen nicht Betroffenen.

Literaturverzeichnis

Adomeit, Klaus/Mohr, Jochen	Kommentar zum Allgemeinen Gleichbehandlungsgesetz, Stuttgart 2007, (zitiert: *Adomeit/Mohr*).
Adomeit, Klaus/Mohr, Jochen	Benachteiligungen von Bewerbern (Beschäftigten) nach dem AGG als Anspruchsgrundlage für Entschädigung und Schadensersatz, NZA 2007, 179 ff., (zitiert: *Adomeit/Mohr, NZA 2007*).
Annuß, Georg,	Die betriebsbedingte Kündigung und arbeitsvertragliche Bindung, Köln 2004, (zitiert: *Annuß*).
Annuß, Georg	Das Allgemeine Gleichbehandlungsgesetz im Arbeitsrecht, BB 2006, 1629 ff., (zitiert: *Annuß, BB 2006*).
Armbrüster, Christian	Antidiskriminierungsgesetz – ein neuer Anlauf, ZRP 2005, 41 ff., (zitiert: *Armbrüster, ZRP 2005*).
Baer, Susanne	Würde oder Gleichheit? Zur angemessenen grundrechtlichen Konzeption vom Recht gegen Diskriminierung am Beispiel sexueller Belästigung am Arbeitsplatz in der Bundesrepublik Deutschland und den USA, Baden-Baden 1995, (zitiert: *Baer*).

Bailly, Pierre/Feuerborn, Andreas	Aktuelle französische Gesetzgebung und Rechtsprechung im Bereich der Antidiskriminierung, EuZA 2008, 68 ff. (zitiert: *Bailly/Feuerborn* EuZA 2008).
Bauer, Jobst-Hubertus	Europäische Antidiskriminierungsrichtlinien und ihr Einfluss auf das deutsche Arbeitsrecht, NJW 2001, 2672 ff., (zitiert: *Bauer,* NJW 2001).
Bauer, Jobst-Hubertus/Krieger, Steffen	Ein Hallelujah für die Anwaltschaft, BB 2004, BB-Special 6/2004, 20 ff., (zitiert: *Bauer/Krieger*, BB 2004, BB-Special 6/2004).
Bauer, Jobst-Hubertus/Thüsing, Gregor/ Schunder, Achim	Entwurf eines Gesetzes zur Umsetzung europäischer Antidiskriminierungsrichtlinien, NZA 2005, 32 ff., (zitiert: *Bauer/Thüsing/Schunder,* NZA 2005).
Bauer, Jobst-Hubertus/Göpfert, Burkhard/Krieger, Steffen	Allgemeines Gleichbehandlungsgesetz Kommentar, 2. Aufl., München 2007, (zitiert: *(Bauer/Göpfert/Krieger)*.
Bauschke, Hans-Joachim	Allgemeines Gleichbehandlungsgesetz im öffentlichen Dienst, Kommentar, Köln 2007, (zitiert: *Bauschke)*.

Bayreuther, Frank	Kündigungsschutz im Spannungsfeld zwischen Gleichbehandlungsgesetz und europäischem Antidiskriminierungsrecht, DB 2006, 1842 ff., (zitiert: *Bayreuther,* DB 2006).

Bayreuther, Frank	Thesen zur Reform des Kündigungsschutzes, NZA 2006, 417 ff. (zitiert: *Bayreuther,* NZA 2006).

Besgen, Nicolai	Die Auswirkungen des AGG auf das Betriebsverfassungsrecht, BB 2007, 213 ff., (zitiert: *Besgen,* BB 2007).

Besgen, Nicolai; Roloff, Sebastian	Grobe Verstöße des Arbeitgebers gegen das AGG – Rechte des Betriebsrats und der Gewerkschaften, NZA 2007, 670 ff., (zitiert: *Besgen/Roloff,* NZA 2007).

Bezani, Thomas/ Richter, Marcus	Das Allgemeine Gleichbehandlungsgesetz im Arbeitsrecht, Köln 2006, (zitiert: *Bezani/Richter).*

Bissels, Alexander/Lützeler, Martin	Rechtsprechungsübersicht zum AGG BB 2008, 666 ff., (zitiert: *Bissels/Lützeler,* BB 2008).

Blinda, Nina/Lessel, Alexandra/Weyand, Sabine	Symposium zu Gleichbehandlungsrichtlinien der EG und ihre Umsetzung in Deutschland in Loccum, NZA 2003, 478 ff., (zitiert: *Blina/Lessel/Weyand*, NZA 2003).
Busch, Sebastian	Allgemeines Gleichbehandlungsgesetz. Die Umsetzung in der Betriebsratspraxis, Frankfurt/M. 2007, (zitiert: *Busch).*
Colneric, Nina	Antidiskriminierung – quo vadis? – Europäisches Recht, NZA-Beil. 2008, Heft 2, 66 ff., (zitiert: *Colneric* NZA-Beil. 2008, Heft 2).
Däubler, Wolfgang	Weltanschauung auf europäisch, NJW 2006, S. 2608 f., (zitiert: *Däubler,* NJW 2006).
Däubler, Wolfgang/Bertzbach, Martin	Allgemeines Gleichbehandlungsgesetz, Kommentar, 2. Auflage, Baden-Baden 2007, (zitiert: Däubler/Bertzbach-*Bearbeiter).*
Däubler, Wolfgang; Kittner, Michael; Klebe, Thomas	Betriebsverfassungsgesetz, 10. Auflage, Frankfurt/M. 2006, (zitiert: DKK-*Bearbeiter).*

Dietrich, Thomas/ Müller-Glöge, Rudi/ Preis, Ulrich/ Schaub, Güner	Erfurter Kommentar zum Arbeitsrecht, 7. Aufl., München 2008, (zitiert: ErfK-*Bearbeiter*).
Döring, Matthias	Frauenquoten und Verfassungsrecht, Berlin 1996, (zitiert: *Döring*).
Ehrich, Christian/Frieters, Ingo	Handlungsmöglichkeiten des Betriebsrats bei Errichtung und Gestaltung der „zuständigen Stellen" iS von § 13 Abs.1 AGG, DB 2007, 1026 ff., (zitiert: *Ehrich/Frieters*, DB 2007).
Engels, Gerd/Trebinger, Yvonne/Löhr-Steinhaus, Wilfried	Regierungsentwurf eines Gesetzes zur Reform des Betriebsverfassungsgesetzes, DB 2001, 532 ff., (zitiert: *Engels/Trebinger/Löhr-Steinhaus*, DB 2001).
Fabricius, Fritz; Kraft, Alfons; Wiese, Günther; Kreutz, Peter,	Betriebsverfassungsgesetz, Gemeinschaftkommentar, Band II, §§ 74–132, 5. Aufl., Neuwied 1995, (zitiert: F/K/W/K-*Bearbeiter*, 1995).
Fischer, Ulrich	Korruptionsbekämpfung in der Betriebsverfassung, BB 2007, 1000 ff. (zitiert: *Fischer* BB 2007).

Fitting, Karl; Engels, Gerd; Schmidt, Ingrid Trebinger, Yvonne, Linsenmaier, Wolfgang	Betriebsverfassungsgesetz, Handkommentar, 24. Aufl., München 2008, (zitiert: *Fitting*).
Gach, Bernt/ Julis, Susanne	Beschwerdestelle und –verfahren nach § 13 Allgemeines Gleichbehandlungsgesetz, BB 2007, 773 ff., (zitiert: *Gach/Julis,* BB 2007).
Germelmann, Claas-Hinrich/ Matthes, Hans-Christoph/Müller-Glöge, Rudi/ Prütting, Hanns	Arbeitsgerichtsgesetz, Kommentar, 6. Auflage, München 2008, (zitiert: Germelmann-*Bearbeiter*).
Goldman, Jonathan	Fresh Start: Redefining Affirmative Action to Include Socioeconomic Class, In: Race versus Class, New York London 1996, (zitiert: *Goldman).*
Grobys, Marcel	Organisationsmaßnahmen des Arbeitgebers nach dem neuen Allgemeinen Gleichbehandlungsgesetz, NJW 2006, 2950, (zitiert: *Grobys*, NJW 2006).
Guckelberger, Annette	Die Drittwirkung der Grundrechte, JuS 2003, 1151 ff., (zitiert: *Guckelberger*, JuS 2003).
Hansen, Solveig	Affirmative Action in Europa, Diss., Aachen 2004, (zitiert: Hansen).

Herms, Sascha/Meinel, Gernod	Vorboten einer neuen Ära: Das geplante Antidiskriminierungsgesetz, DB 2004, 2370 ff., (zitiert: *Herms/Meinel*, DB 2004).
Jarass, Hans D./Pieroth, Bodo	Grundgesetz für die Bundesrepublik Deutschland, 9. Aufl. München 2007, (zitiert: *Jarass/Pieroth*).
Kamanabrou, Sudabeh	Die arbeitsrechtlichen Vorschriften des Allgemeinen Gleichbehandlungsgesetzes, RdA 2006, S. 321 ff. (zitiert: *Kamanabrou*, RdA 2006).
Klumpp, Steffen	§ 23 BetrVG als Diskriminierungs-Sanktion? NZA 2006, 904 ff. (zitiert: *Klumpp,* NZA 2006).
Kohte, Wolfgang	Altersgruppen als Mittel der Altersdis-Kriminierung, jurisPR-ArbR 31/2007, Anm 1, (zitiert: *Kohte,* jurisPR-ArbR 31/2007).
Kokott, Juliane	Zur Gleichstellung von Mann und Frau – Deutsches Verfassungsrecht und europäisches Gemeinschaftsrecht, NJW 1995, 1049 ff., (zitiert: *Kokott,* NJW 1995).

Krimphove, Dieter	Europäisches Arbeitsrecht, 2. Aufl., München 2001, (zitiert: *Krimphove*).
Küttner, Wolfdieter	Personalbuch 2008, 15. Aufl., München 2008, (zitiert: Küttner-*Bearbeiter*).
Larenz, Karl/Canaris, Claus-Wilhelm	Methodenlehre der Rechtswissenschaft, 3. Aufl. Berlin-Heidelberg-New York 1995, (zitiert: *Larenz/Canaris*).
Leuchten, Alexius	Der Einfluss der EG-Richtlinien zur Gleichbehandlung auf das deutsche Arbeitsrecht, NZA 2002, 1254 ff., (zitiert: *Leuchten*, NZA 2002).
Le Friant, Martine	Rechtstechniken im Kampf gegen die Diskriminierungen: Die Lage in Frankreich; AuR 2003, 51 ff., (zitiert: *Le Friant,* AuR 2003).
Lingscheid, Anja	Antidiskriminierung im Arbeitsrecht, Neue Entwicklungen im Gemeinschaftsrecht aufgrund der Richtlinien 2000/43/EG und 2000/78/EG und ihre Einfügung in das deutsche Arbeitsrecht, Berlin 2004, (zitiert: *Lingscheid*).

Linsenmaier, Wolfgang	Normsetzung der Betriebsparteien und Individualrechte der Arbeitnehmer, RdA 2008, 1 ff., (zitiert: *Linsenmaier,* RdA).
Löwisch, Manfred/Caspers, Georg/ Neumann, Daniela	Beschäftigung und demographischer Wandel, Baden-Baden 2003, (zitiert: *Löwisch).*
Löwisch, Manfred	Änderung der Betriebsverfassung durch Das Betriebsverfassungs-Reformgesetz, in: BB 2001, 1790 ff., (zitiert: *Löwisch,* BB 2001).
Maidkowski, Ulrich	Umgekehrte Diskriminierung: Quotenregelungen zu Frauenförderung im öffentlichen Dienst und in den politischen Parteien, Berlin 1989, (zitiert: *Maidkowski).*
Maute, Hans-Bernd	Gleichbehandlung von Arbeitnehmern. Ein Beitrag zur Dogmatik und zu den Erscheinungsformen des arbeitsrechtlichen Gleichbehandlungsgrundsatzes, Frankfurt/M. Berlin Bern 1993, (zitiert: *Maute).*
Meinel, Gernod; Heyn, Judith; Herms, Sascha	Allgemeines Gleichbehandlungsgesetz, Kommentar, München 2007, (zitiert: *Meinel/Heyn/Herms).*

Mohr, Jochen

Anmerkung zu LAG Hamburg, Beschl. v. 17. April 2007, BB 2007, 2074 ff., (zitiert: *Mohr*, BB 2007).

Müller-Bonanni, Thomas/Sagan, Adam

Arbeitsrechtliche Aspekte der Compliance BB Special 5, 28 ff., (zitiert: *Müller-Bonanni/Sagan*, BB-Special 5 zu BB Heft 25, 28 ff.).

Neumann, Dirk/ Pahlen, Ronald/ Majerski-Pahlen, Monika

Sozialgesetzbuch IX – Rehabilitation und Teilhabe behinderter Menschen, 10. Aufl., München 2003, (zitiert: Neumann-*Bearbeiter)*.

Nicolai, Andrea

Das Allgemeine Gleichbehandlungsgesetz AGG in der anwaltlichen Praxis, Bonn 2006, (zitiert: *Nicolai)*.

Nupnau, Jens

Anmerkung zu ArbG Osnabrück vom 5. Februar 2007, in: DB 2007, 1202 ff. (zitiert: *Nupnau,* DB 2007).

Oetker, Hartmut

Ausgewählte Probleme zum Beschwerderecht des Beschäftigten nach § 13 AGG, in: NZA 2008, 264 ff., (zitiert: *Oetker,* NZA 2008).

Perreng, Martina	AGG – was hat's gebracht? NZA-Beil. 2008, Heft 2, 102, (zitiert: *Perreng,* NZA-Beil. 2008, Heft 2).
Peters, Anne	Women, Quotas and Constitutions, Den Haag, London, Boston 1999, (zitiert: *Peters*).
Pfarr, Heide M.	Quoten und Grundgesetz, Baden-Baden, 1988, (zitiert: *Pfarr*).
Pfarr, Heide M./Bertelsmann, Klaus	Diskriminierung im Erwerbsleben, Ungleichbehandlung von Frauen und Männern im Erwerbsleben, Baden-Baden 1989, (zitiert: *Pfarr/Bertelsmann*).
Picker, Eduard	Antidiskriminierungsgesetz – Der Anfang vom Ende der Privatautonomie? JZ 2002, 880, (zitiert: *Picker,* JZ 2002).
Pirstner-Ebner, Renate	Neue Gemeinschaftsrechtlichsentwicklungen im Bereich des Gender Mainstreaming, EuZW 2004, 205 ff., (zitiert: *Pirstner-Ebner* EuZW 2004).

Pohl, Hans-Jürgen	Unterlassungsansprüche des Betriebsrats, in: Festschrift zum 25-jährigen Bestehen der Arbeitsgemeinschaft Arbeitsrecht im Deutschen Anwaltsverein, Bonn 2006, (zitiert: *Pohl).*
Preis, Ulrich	Diskriminierungsschutz zwischen EuGH und AGG, ZESAR 2007, 249 ff., (zitiert: *Preis).*
Pulte, Peter	Beteiligungsrechte des Betriebsrats Außerhalb der Betriebsverfassung, NZA-RR 2008, 113 ff. (zitiert: *Pulte,* NZA-RR).
Raab, Thomas,	Betriebliche und außerbetriebliche Bildungsmaßnahmen, NZA 2008, 270 ff., (zitiert: *Raab,* NZA 2008).
Rebmann, Kurt/Säcker, Franz-Jürgen/ Rixecker, Roland (Hg.).	Münchener Kommentar zum BGB, Band 1, 2. Halbband: AGG, 5. Aufl., München 2007, (zitiert: MüKo-*Thüsing).*
Richardi, Reinhard; Thüsing, Gregor, Annuß, Georg	Betriebsverfassungsgesetz mit Wahlordnung Kommentar, 11. Aufl., München 2008, (zitiert: Richardi-*Bearbeiter).*

Richardi, Reinhard,	Neues und Altes – Ein Ariadnefaden durch das Labyrinth des Allgemeinen Gleichbehandlungsgesetzes, NZA 2006, 881 ff. (zitiert: *Richardi,* NZA 2006).
von Roetteken, Torsten	Allgemeines Gleichbehandlungsgesetz AGG, Kommentar zu den arbeits- und dienstrechtlichen Regelungen, Heidelberg 2007, (zitiert: *v. Roetteken).*
Rolfs, Christian/Giesen, Richard/ Kreikebohm, Ralf/ Udsching, Peter	Schwerpunktkommentar Arbeitsrecht, München 2008, (zitiert: R/G/K/U-*Bearbeiter).*
Rudolf, Beate/Mahlmann, Matthias (Hg)	Gleichbehandlungsrecht, Handbuch, Baden-Baden 2007, (zitiert: Rudolf/Mahlmann-*Bearbeiter).*
Rühl, Wolfgang/Viethen, Hans Peter/ Schmid, Matthias	Allgemeines Gleichbehandlungsgesetz AGG, München 2007, (zitiert: *Rühl/Viethen/Schmid).*
Rust,Ursula/ Falke, Josef	AGG-Allgemeines Gleichbehandlungsgesetz mit weiterführenden Vorschriften, Kommentar, Berlin 2007, (zitiert: Rust/Falke-*Bearbeiter).*

Rust, Ursula	Änderungsrichtlinie 2002 zur Gleichbehandlungsrichtlinie von 1976, NZA 2003, 72 ff., (zitiert: *Rust,* NZA 2003).
Sachsofsky, Ute	Das Grundrecht auf Gleichberechtigung, 2. Aufl., Baden-Baden 1996, (zitiert: *Sachsofsky).*
Sagan, Adam	Die Sanktion diskriminierender Kündigungen nach dem Allgemeinen Gleichbehandlungsgesetz, NZA 2006, 1257 ff., (zitiert: *Sagan,* NZA 2006).
Schieck, Dagmar	Sex Equality Law After Kalanke and Marschall, in ELJ 1998, 148 ff., (zitiert: *Schieck,* ELJ 1998).
Schieck, Dagmar	Diskriminierung wegen „Rasse" oder „ethnischer Herkunft" – Probleme der setzung der RL 2000/43 im Arbeitsrecht, AuR 2003, 44 ff., (zitiert: *Schieck*, AuR 2003).
Schieck, Dagmar	Gleichbehandlungsrichtlinien der EU – Umsetzung im deutschen Arbeitsrecht, NZA 2004, S. 873 ff., (zitiert: *Schieck,* NZA 2004).

Schieck, Dagmar (Hg.)	Allgemeines Gleichbehandlungsgesetz (AGG), Ein Kommentar aus europäischer Perspektive, 1. Aufl., München 2007, (zitiert: Schieck-*Bearbeiter*).
Schieck, Dagmar	Europäisches Arbeitsrecht, 3. Aufl., Baden-Baden 2007, (zitiert: *Schieck* Europäisches ArbR).
Schlachter, Monika	Wege zur Gleichberechtigung, Vergleich des Arbeitsrechts der Bundesrepublik Deutschland und der Vereinigten Staaten, München 1993, (zitiert: *Schlachter*).
Schleusener, Aino/Suckow, Jens/ Voigt, Bernhard	Kommentar zum Allgemeinen Gleichbehandlungsgesetz, Neuwied 2007, (zitiert: Schleusener/Suckow/Voigt-*Bearbeiter*).
Schmidt, Barbara	Die Kalanke-Entscheidung des EuGH – das Aus für die Quotenregelung? NJW 1996, 1724 ff., (zitiert: *Schmidt*, NJW 1996).
Schmidt, Marlene/Senne, Daniela	Das gemeinschaftsrechtliche Verbot der Altersdiskriminierung und seine Bedeutung für das deutsche Arbeitsrecht, RdA 2002, 80 ff., (zitiert: *Schmidt/Senne*, RdA 2002).

Schubert, Björn Gerd	Affirmative Action und Reverse Discrimination, Baden-Baden 2003, (zitiert: *Schubert*).
Schwab, Norbert/Weth, Stephan (Hg)	Arbeitsgerichtsgesetz. Kommentar, 2. Aufl., Köln 2008, (zitiert: Schwab/Weth-*Bearbeiter*).
Schweibert, Ulrike/Buse, Sandra	Rechtliche Grenzen der Begünstigung von Betriebsratsmitgliedern – Schattenbosse Zwischen „Macht und Ohnmacht", NZA 2007, 1080 ff. (zitiert: *Schweibert/Buse*).
Simon, Oliver/ Greßlin, Martin	AGG: Haftung des Arbeitgebers bei Benachteiligungen durch Beschäftigte und Dritte, BB 2007, 1782 ff., (zitiert: *Simon/Greßlin,* BB 2007).
Steding, Ralf	Chancengleichheit und Quoten, Köln 1997, (zitiert: *Steding*).
von Steinau-Steinrück, Robert/Schneider, Volker/Wagner, Tobias	Der Entwurf eines Antidiskriminierungsgesetzes: Ein Beitrag zur Kultur der Antidiskriminierung? NZA 2005, 28 ff., (zitiert: *von Steinau-Steinrück/Schneider/ Wagner*, NZA 2005).

Steinkühler, Bernhard	Allgemeines Gleichbehandlungsgesetz (AGG). Die Umsetzung des AGG im Betrieb mit Handlungsempfehlungen für die Praxis, Berlin 2007, (zitiert: *Steinkühler*).
Stuber, Michael/Wittig, Felix	Diversity Management: Ein grundlegender Vergleich zum politischen Ansatz der Antidiskriminierung, in: Diversity Management und Antidiskriminierung, Hg: Steinmetz, Bernd/Vedder, Günther Weimar 2007, (zitiert:*Stuber/Wittig*).
Thau, Jens	Arbeitsrecht in den USA, 1. Aufl., München Berlin 1998, (zitiert: *Thau*).
Thüsing, Gregor	Arbeitsrechtlicher Diskriminierungsschutz München 2007, (zitiert: *Thüsing*).
derselbe	Anmerkung zum Urteil des ArbG Osnabrück vom 5. Februar 2007, in: BB 2007, S. 1506 ff., (zitiert: *Thüsing*, BB 2007).

Triemel, Martin	Minderheitenschutz in den Organisationsvorschriften der Betriebsverfassung, Konstanz 2005, (zitiert: *Triemel*).
Ueckert, André	BB-Kommentar zum Beschluss des Arbeitsgerichts Hamburg vom 20. Februar 2007, BB 2007, 780 f. (zitiert: *Ueckert,* BB 2007).
Waas, Bernd	Überlegungen zur Fortentwicklung des Deutschen Arbeitsrechts – Diskussion im Inland, Anstöße aus dem Ausland, in: RdA 2007, S. 76 ff., (zitiert: *Waas,* RdA 2007).
Wagner, Christian	Antidiskriminierungsgesetz – ein neuer Anlauf? ZRP 2005, 136 ff., (zitiert: *Wagner,* ZRP 2005).
Waltermann, Raimund	„Umfassende Regelungskompetenz" der Betriebsparteien zur Gestaltung durch Betriebsvereinbarung? RdA 2007, 257 ff., (zitiert: *Waltermann,* RdA 2007).
Weller, Ernst	Betriebliche und tarifvertragliche Regelungen, die sich auf die soziale Auswahl nach § 1 Abs. 3 KSchG auswirken, RdA 1986, 222 ff., (zitiert: *Weller,* RdA 1986).

Wendeling-Schröder, Ulrike Grund und Grenzen gemeinschaftsrechtlicher Diskriminierungsverbote im Zivil- und Arbeitsrecht, NZA 2004, 1320 ff., (zitiert: NZA 2004).

Wendeling-Schröder, Ulrike/Stein, Axel Allgemeines Gleichbehandlungsgesetz, Kommentar, München 2008, (zitiert: *Wendeling-Schröder/Stein*).

Westhauser, Martin/Sediq, Mariam Mitbestimmungsrechtliche Aspekte des Beschwerderechts nach § 13 AGG, NZA 2008, 78 ff., (zitiert: *Westhauser/Sediq*, NZA 2008).

Wiedemann, Herbert Neuere Rechtsprechung zur Verteilungs-Gerechtigkeit und den Benachteiligungsverboten, RdA 2005, 193 ff., (zitiert: *Wiedemann,* RdA 2005).

Wiedemann, Herbert/Thüsing, Gregor Der Schutz älterer Arbeitnehmer und die Umsetzung der Richtlinie 2000/78/EG, NZA 2002, S. 1234 ff., (zitiert: *Wiedemann/Thüsing,* NZA 2002).

Willemsen, Heinz-Josef/Schweibert, Ulrike Schutz der Beschäftigten im Allgemeinen Gleichbehandlungsgesetz, NJW 2006, 2583 (zitiert:*Willemsen/Schweibert,*NJW 2006).

Wisskirchen, Gerlind AGG Allgemeines Gleichbehandlungsgesetz, Auswirkungen auf die Praxis, Frechen 2007, (zitiert: *Wisskirchen*).

Wißmann, Hellmut Die Suche nach dem Arbeitgeber in der Betriebsverfassung, NZA 2001, S. 409 ff., (zitiert: Wißmann, NZA 2001).

Worzalla, Michael Das Beschäftigtenschutzgesetz in der Praxis, NZA 1994, 1016 ff. (zitiert: *Worzalla,* NZA 1994).

Zippelius, Reichnhold Juristische Methodenlehre, 10. Aufl., München 2006, (zitiert: *Zippelius*).

Zöller, Richard Zivilprozessordnung, Kommentar, 26. Aufl., Köln 2007, (zitiert: Zöller-*Bearbeiter)*.

Schriften zum deutschen und europäischen Arbeitsrecht

Herausgegeben von Frank Bayreuther

Band 1   Petra Hamann. Die Kündigung wegen häufiger Kurzerkrankungen. 2009.

Band 2   Robert K. Strecker. „Turboprämie" und Sozialplan. 2009.

Band 3   Julia Rath: Die pauschale Abgeltung von Überstunden im Arbeitsvertrag. 2010.

Band 4   Jens Jensen: Der Freiwilligkeitsvorbehalt bei Entgeltleistungen. Rechtsdogmatik und AGB-Kontrolle. 2010.

Band 5   Enrico Meier: Die unterlassene Änderungskündigung als Unwirksamkeitsgrund der Beendigungskündigung. 2011.

Band 6   Jonas Zäh: Die arbeitsrechtlichen Aspekte des § 11 Wertpapiererwerbs- und Übernahmegesetz. Unter Berücksichtigung der Frage, unter welchen Voraussetzungen der Bieter bei einem öffentlichen Angebot i.S.d. WpÜG verpflichtet ist, Angaben zu seinen Absichten zu machen. 2011.

Band 7   Claudia Voggenreiter: Betriebliche Mitbestimmung im Diskriminierungsrecht. 2011.

www.peterlang.de

Manuel Schwering

Das Allgemeine Gleichbehandlungsgesetz als Aufgabe und Instrument des Betriebsrates

Frankfurt am Main, Berlin, Bern, Bruxelles, New York, Oxford, Wien, 2010.
346 S.
Bonner Schriften zum deutschen und europäischen Recht der Arbeit und der Sozialen Sicherheit.
Herausgegeben von Gregor Thüsing und Raimund Waltermann. Bd. 8
ISBN 978-3-631-60258-4 · geb. € 61,80*

Die Arbeit ist ein weiterer Mosaikstein bei der gründlichen Aufarbeitung der durch das Allgemeine Gleichbehandlungsgesetz (AGG) geschaffenen Rechtslage. Der Verfasser untersucht die bislang weniger beleuchteten kollektiven Bezüge des AGG, die insbesondere dem Betriebsrat eine zentrale Rolle bei der Verhinderung von diskriminierendem Verhalten zuweisen. Es wird praxisnah herausgearbeitet, welche verbesserten Möglichkeiten zur Durchsetzung der Gleichbehandlung im Betrieb nach Verabschiedung des Gesetzes bestehen und inwieweit der Betriebsrat sich dieser als Instrument bedienen kann. Einen Schwerpunkt der Arbeit bildet dabei die Untersuchung von § 17 Abs. 2 AGG, dessen zahlreiche Streitfragen einer Lösung zugeführt werden. Daran schließt sich eine Untersuchung möglicher Beteiligungsrechte im Rahmen der kollektivbezogenen Normen des AGG an, bevor in einem letzten Schritt die Auswirkungen des AGG auf das Betriebsverfassungsrecht ausführlich analysiert werden.

Aus dem Inhalt: Diskriminierungsschutz vor Inkrafttreten des AGG · Die Vorschriften des AGG · Rechte des Betriebsrates nach § 17 AGG · Unterlassungs- und Beseitigungsanspruch gem. § 17 Abs. 2 AGG · Kollektiver Bezug · Grober Verstoß · Vorschriften mit kollektivrechtlichem Bezug · Mitbestimmung gemäß § 87 Abs. 1 Nr. 1 BetrVG · u.v.m.

Frankfurt am Main · Berlin · Bern · Bruxelles · New York · Oxford · Wien
Auslieferung: Verlag Peter Lang AG
Moosstr. 1, CH-2542 Pieterlen
Telefax 0041(0)32/3761727

*inklusive der in Deutschland gültigen Mehrwertsteuer
Preisänderungen vorbehalten
Homepage http://www.peterlang.de